中国智库报告
（2021—2023）
中国发展新形势与智库建设新进展

Chinese Think Tanks Report (2021-2023)
The New Situation of China's Development
and the New Progress of Think Tanks' Construction

上海社会科学院智库研究中心 编著

Chinese
Think Tanks Report
(2021-2023)

"上海社会科学院智库研究中心"简介

上海社会科学院智库研究中心(Center for Think Tank Studies)(以下简称"中心")成立于2009年,是全国第一家专门开展智库研究的学术机构。中心使命是顺应现代化智库发展新趋势,立足中国实际,紧紧围绕智库发展的重大问题做好智库研究和智库产品转化,建立与国内外重要智库的联系,为推进中国特色新型智库建设服务。

中心创办者,上海市第十届政协副主席,上海社会科学院原党委书记、院长王荣华教授等一批学者较早开展社会主义新智库的理论研究与实践探索,率先提出上海社会科学院构建国内一流、国际知名社会主义新智库的目标。多年来,在各界领导、智库界同仁的关心支持下,在一批批同志的接续努力下,中心逐步形成《中国智库报告》《上海新智库专报》及"当代国际智库译丛""上海全球智库论坛"等系列品牌成果。

2014年以来,中心持续发布《中国智库报告》,成为中国智库研究领域关注度高、影响力大的报告之一。其中,《2016年中国智库报告》(英文版)、《2017年中国智库报告》(英文版)、《中国智库报告——影响力排名与政策建议(2013—2017)》(英文版)和《2018年中国智库报告》(英文版)分别在英国伦敦、美国加州、荷兰莱顿发布,这是我国最早在海外发布的中国智库报告,引起了国内外的广泛关注。

2010年,中心开始组织编写和翻译一系列全国最早的智库研究著作,如《智库、公共政策和专家治策的政治学》《中国智库竞争力建设方略》《国际著名智库研究》《新智库的探索与实践》《思想的力量:中国智库案例集萃》《思想的版图:全球智库发展概览》等。2016年起持续推出"当代国际智库研究译丛",现已出版《美国与欧盟智库:华盛顿与布鲁塞尔政策研究机构比较》《新保守主义智库与美国外交政策》《智库的催化作用:转型国家的改革之路》《北部之光:加拿大智库概览》《智库能发挥作用吗?——公共政策研究机构影响力之评估》《欧洲智库政治》《智库与非传统安全:亚洲的新型治理方式》。

《上海新智库专报》是连通专家学者和决策层的重要桥梁和纽带,是智库产品转化的重要平台和载体,直报上海市领导决策参考,获得了中央、国家部委和上海市领导的大量肯定性批示。

"上海全球智库论坛"是中心着力打造的国内外智库研究者交流思想、沟通情况的重要平台,已举办5届,成为智库界的一大盛事。

为适应国家高端智库建设新形势新要求,中心将继续聚焦智库前沿性、前瞻性和重大战略性问题研究;充分发挥上海社会科学院国家高端智库影响力,积极组织、参与各种形式的国内外智库交流合作;立足上海、面向全国和世界,持续推出一系列连续性、原创性兼具影响力的智库研究成果,为建设面向现代化、面向世界、面向未来的中国特色新型智库贡献力量。

前　言

2021—2023年,百年大变局叠加世纪疫情,同时受地区冲突等突发事件的影响,全球经济政治格局发生深刻变化,具体体现为地缘政治冲突不断、大国博弈加剧、新兴经济体崛起、全球化进程放缓等。同时,新一轮科技变革和产业革命进程重构全球创新版图,重塑全球经济结构。

从中国来看,"十四五"进程过半,我国迈上全面建设社会主义现代化国家新征程,正向第二个百年奋斗目标进军。党的二十大提出了"中国式现代化"的重要论断,立足国内外新形势新变化和我国的新实践,实现了重大理论突破,成为推进中华民族伟大复兴的思想力量和战略指引。

当前,世界之变、时代之变、历史之变正以前所未有的方式展开。新形势新变化对于中国特色新型智库贯彻落实党中央关于智库建设的重要精神,高质量推进决策咨询服务提出了更高更迫切的要求。中国特色新型智库亟须创新发展,提高研究质量与管理效率,产出更多高水平成果,为推进经济社会高质量发展、提升国家软实力提供支撑。

本报告是上海社会科学院智库研究中心推出的第九本《中国智库报告》。报告以"中国发展新形势与智库建设新进展"为主题,分综论篇和分论篇两篇。综论篇分析了中国智库发展面临的国内外新形势,展示了三年来中国智库的发展和成果图景,梳理了三年来各领域智库围绕重要研究议题开展的活动和形成的成果,分析了近年来中国智库发展中存在的短板,并提出下一步创新发展的对策建议。分论篇从不同维度观察中国智库的发展实践,如中国智库未来发展趋势与重点方向、智库文化的塑造、高校智库的发展、科技智库的研究议题等。为做好中国智库研究,课题组自2013年以来就一直在完善中国智库的基本信息和典型案例。在2021—2023年的研究过程中,课题组按照中国特色新型智库的八项标准,对中国智库数据库继续进行完善升级,截至2023年底,收录的中国智库数量增加到1 096家。

本书综论部分由唐涛、陶希东、杨亚琴、盛垒、王震、周亚男、王贞、孙小雁等撰写,分论部分由刘西忠、周湘智、黄昊、田贵超等撰写。同时,在报告的研究过程中有幸得到王荣华、权衡、王德忠、干春晖、李轶海等领导和专家的大力支持与悉心指导,再次表示衷心的感谢!

我们还要感谢王立伟、张立锟、邢晓曼、郭小语、张世敏等,他们在报告的研究中贡献了宝贵智慧,搜集并分析了大量资料。

上海社会科学院智库研究中心和《中国智库报告》一直得到智库界同仁的关心和关注,在此亦表示衷心感谢!

限于我们的学识和能力,报告中难免存在疏漏和不足,恳请批评指正。

目 录

"上海社会科学院智库研究中心"简介   1
前言   1

综 论 篇

一、中国智库发展面临的国内外新形势   3
  （一）世界经济格局的重大变动   3
  （二）地缘政治体系变革和国际冲突上升   6
  （三）人工智能等新兴技术蓬勃发展   8
  （四）中国式现代化战略的全面实施   11

二、2021—2023 年中国智库建设新进展   13
  （一）中央对中国特色新型智库高度重视   13
  （二）中国智库发展图景   30

三、2021—2023 年热点研究议题梳理   51
  （一）新思想   52
  （二）新战略   55
  （三）新治理   63

（四）新开放　　　　　　　　　　　　　　　　　　　　68

四、中国智库发展中存在的短板与不足　　　　　　　　72
　　（一）智库服务决策还不够精准　　　　　　　　　　　72
　　（二）智库人才培养还有待强化　　　　　　　　　　　73
　　（三）智库管理运营还有待优化　　　　　　　　　　　74
　　（四）智库引导舆论还有待提升　　　　　　　　　　　74
　　（五）智库国际传播还有待拓展　　　　　　　　　　　75

五、中国智库发展的对策建议　　　　　　　　　　　　76
　　（一）落实"党管智库"原则，发挥党的引领作用　　　76
　　（二）深耕专业研究领域，提升对策的精准性　　　　　77
　　（三）打造高水平智库人才体系，提升核心竞争力　　　78
　　（四）建立完善现代化管理制度，提升运行效率　　　　79
　　（五）推动数字智能技术运用，创新智库研究与宣传方法　80
　　（六）拓展对外交流渠道，推进全方位国际传播　　　　80

分　论　篇

六、从外驱动到内外双驱动：新型智库文化的形塑　　　85
　　（一）新型智库文化的主要功能特征　　　　　　　　　85
　　（二）新型智库文化的理论研究梳理　　　　　　　　　87
　　（三）新型智库文化建设的实践探索示例　　　　　　　90
　　（四）新型智库文化的形聚神塑路径　　　　　　　　　91
　　（五）从外驱动到内外双驱动：打造与新发展阶段要求相

适应的新型智库文化　　99

七、中国智库的未来发展趋势与重点方向展望　　104
　（一）服务决策的深度和广度不断拓展　　104
　（二）产品类型朝全方位智库功能体系迈进　　105
　（三）对外影响力、资源整合力继续提升　　106
　（四）智能、精准、敏捷的数字化转型不断加速　　106
　（五）标准化建设引领智库服务走向价值链高端　　107
　（六）推动研究成果落地的合力进一步形成　　108
　（七）作为学术报国的平台作用持续深化　　109
　（八）正向激励与反向倒逼措施更加具体化　　109
　（九）现代分析方法的运用更加普及　　110
　（十）资源配置方式转变促使智库机构进一步分化　　111
　（十一）"外脑""内脑"相互融合的态势逐渐加深　　112
　（十二）对智库建设的规律把握越来越全面　　112

八、多元与融合——高校智库进入高质量发展阶段　　114
　（一）高校智库进入高质量发展阶段　　114
　（二）高校智库高质量发展的具体实践　　119
　（三）2021年以来国内高校智库研究综述　　127
　（四）中国特色新型高校智库的未来发展目标及建议举措　　133

九、全球科技创新智库研究述评　　138
　（一）国外智库研究概述　　138
　（二）研究动向与主要观点　　140
　（三）研究趋势与展望　　151

附录 2021—2023 年中国智库大事记　　　　　　　154

　2021 年智库大事记　　　　　　　　　　　　　　　154

　2022 年智库大事记　　　　　　　　　　　　　　　181

　2023 年智库大事记　　　　　　　　　　　　　　　197

综论篇

一、中国智库发展面临的国内外新形势

（一）世界经济格局的重大变动

近年来，百年大变局叠加世纪疫情，同时遭遇地区冲突等突发事件的影响，世界经济面临很多新的挑战，全球格局发生了深刻变化。

1. 世界经济呈现出"三高一低"的新特点

一是高成本、高价格。石油、天然气等大宗商品价格高企，美欧等一些发达经济体面临 40 年来最严重的通货膨胀。二是高利息。为了应对通货膨胀，美联储采取了激进的加息政策，导致全球资金流动出现新动向，影响汇市、股市等金融市场的稳定，其外溢效应也使其他经济体面临升息压力。三是高风险。一些欧洲国家面临能源危机，不少发展中国家面临粮食危机。全球供应链、产业链运行不稳不畅，美国股市、债市、房市风险增加，并可能产生外溢效应。四是低增长率。在疫情、俄乌冲突等一系列因素的综合作用下，世界经济增长速度回调，国际组织纷纷下调对未来经济增长的预测。

2. 新技术革命迅猛推进,数字化转型和绿色转型不断深化

全球新一轮科技变革和产业革命正在孕育兴起。一方面,数字化转型不断深化。数字产业化和产业数字化相互促进,技术创新与模式创新相辅相成。数字化转型不仅深刻改变人们的生活方式,也正在深刻地改变人类的生产方式。第四次工业革命呼之欲出,数字经济、数字贸易的快速发展也推动数字国际经贸规则的制定。数字经济的国际竞争日益激烈,主要国家纷纷采取措施抢占技术制高点。另一方面,绿色转型加速推进,将推动全球的能源结构、产业结构、贸易结构等发生深刻变化。绿色技术、绿色产品、绿色金融、绿色服务快速发展。世界贸易组织(WTO)绿色产品协定、欧盟碳边境措施等绿色贸易规则也呼之欲出。

新一轮科技变革和产业革命进程将催生更加丰富的新产业、新业态、新模式,并对全球产业链、创新链、价值链产生前所未有的深刻影响,重构全球创新版图、重塑全球经济结构。新一轮变革也提供了一个"机会窗口",新一轮的产业革命所依托的变革性新技术尚处于初期阶段,多种技术还可能处在摸索、交织和碰撞阶段,相关规则也仍在初建阶段,新的竞争赛道涌现,这将为包括新兴经济体在内的各经济体创造更多的新机遇,也将重塑各国经济竞争力和全球竞争格局。

3. 全球化进程放缓,全球价值链重构加速向区域化、本土化演进

近年来,发达国家内部出现比较明显的反全球化浪潮,经济民族主义抬头。"脱钩"与"战略自主"成为美欧发达国家的战略重点,美国针

对中国和欧洲发起贸易战,欧盟领导层从2020年以来逐步构建"欧洲战略自主"的政策体系。重新抬头的资源民族主义或许会成为一种长期现象。多边贸易体系WTO上诉机构停摆,WTO改革谈判达成共识困难重重,全球贸易自由化谈判进程缓慢。尽管"逆全球化"叙事惹人注目,但更为细分的全球化指标显示,我们并非正在经历"逆全球化",而只是从"超级全球化"(hyper-globalization)转向"慢全球化"(slow-globalization)。

总的来看,诸如新冠疫情之类的"黑天鹅"事件冲击,叠加逆全球化思潮,以及产业链竞争在国家竞争中重要性的上升,原先基于效率优先的国际分工和专业化的全球产业链布局模式将调整,转向在追求效率的同时兼顾产业链供应链安全和韧性以及自主可控,全球产业链价值链重构和调整,呈现区域化、短链化、备份化趋势。未来全球产业链供应链更可能在全球不同地区区域化或集群化生产,如在美洲、欧洲、亚洲、非洲等地域聚集成垂直整合的产业链集群,既能实现全球的水平分工,又能实现垂直整合的生产关系。

4. 全球经济格局面临大转型,国际经济秩序亟待调整与重塑

进入21世纪以来,随着新兴市场国家和发展中国家的快速崛起,发达国家对全球经济的主导力不断下降。2008年国际金融危机加速了国际权力结构转型,原有的等级化多边主义架构发生变化。在新的多边主义架构中,新兴市场国家成为主要动力来源,区域性国际组织提供了基本制度保障,发展合作关系成为主要扩散机制。

总的来说,一是世界经济的基本格局发生了重大改变,经济发展的重心迅速转移,增长版图正在重塑。二是全球科技创新步伐加快与世界经济低速增长并存,增长动能结构存在严重障碍,科技进步对经济增

长的推动作用正在遭遇旧的结构挑战。三是世界经济增长过分依赖新兴经济体,而全球的市场需求过分依赖发达经济体,发达经济体的经济不景气致使新兴经济体的增长难以持续。四是全球价值链呈现新变化,在提高国际分工效率的同时,全球价值链也正由于自身的脆弱而面临解构的风险,全球价值链正经历重塑和再造。五是国际经济关系中的国家主义、单边主义、贸易保护主义盛行,反全球化势头明显上升,经济全球化正在遭遇前所未有的逆转和曲折。六是国际各方经济利益的融合和矛盾反复交织,全球经济治理关系日益复杂,国际地缘因素更加凸显,整体格局正处于演化之中,新的平衡关系有待建立。

(二)地缘政治体系变革和国际冲突上升

党的二十大报告指出:"当前,世界之变、时代之变、历史之变正以前所未有的方式展开。"在世界百年未有之大变局下,全球地缘政治竞争趋于激烈,地缘政治变动的速度进一步加快,地缘政治对抗波及的范围和领域也呈现出不断扩大的趋势。换言之,冷战结束以来已经久违的传统地缘政治竞争正在重新回归,全球爆发热战冲突的风险持续上升。冷战后以大国合作为主的地缘政治格局,乃至和平与发展这一时代主题,无不面临着巨大挑战。

从全球层面来看,受特朗普政府"美国优先"和拜登政府"重回大国竞争"战略的影响,冷战后一路高歌猛进的全球化进程开始面临逆流,各国纷纷以"国家安全"为名祭起了贸易与科技保护主义的旗帜,全球贸易链、产业链和科技合作开始新的分化与重组。大国竞争的回归不仅造成20世纪70年代以来所开启的中美关系出现危机,也使得美俄之间的战略互信下降。整个国际合作成本上升,未来国际社会在应对人类面临的共同危机时或将遭遇更大困难。

作为对大国竞争加剧和国际社会被西方国家重新阵营化的回应,"全球南方"国家开始迅速兴起和觉醒,试图成为大国竞争中的"中间地带"。一方面,越来越多的新兴国家开始选择加入非西方国家主导的国际合作机制,以积极参与和塑造未来国际秩序;另一方面,更多发展中国家拒绝在世界大国之间"选边站队",而是通过抱团取暖的方式提高自身话语权,维护自身利益。

从地区层面来看,欧洲、中东和东亚已成为全球地缘政治争夺的最前沿和风向标。在欧洲地区,因俄乌冲突造成的欧洲地缘政治危机仍在持续。一方面,冷战后俄罗斯与欧洲国家之间的战略对话与合作已经被中断,俄罗斯与欧洲国家之间重新回归战略对抗模式;另一方面,随着北约持续东扩,俄罗斯的地缘政治环境并未得到有效改善。更重要的是,各方围绕俄乌冲突后的新地缘政治安排和战略平衡远未形成共识。在中东地区,因美国全球反恐战争和战略收缩造成的地区危机远远超出了预期。一方面,国际社会围绕加沙危机出现了严重的分裂;另一方面,地区内国家围绕新地区秩序和地缘政治利益的争夺空前激烈。在东亚地区,随着近年来中国快速崛起,冷战后逐渐出现的安全与经济相割裂的二元化地缘政治架构也开始面临崩解。无论美国自身还是其亚太盟友,都已成为中国的重要贸易伙伴。为了维护地区军事霸权,美国加大了在亚太地区围堵中国的军事和战略投入。然而,这种做法不仅无助于亚太地区的新战略平衡,也增加了东亚地缘政治格局中的不确定性,并给整个亚太地区带来了巨大的安全风险。

综上来看,世界经济格局的重大变化,地缘政治体系变革和国际冲突上升,正在全方位改变着中国智库决策咨询服务的发展环境和传统格局,尤其是随着政治、经济和社会日渐凸显的不确定性、不稳定性和复杂性,给智库研究和发展提出了更大的挑战,与此同时,也会给世界智库发展开辟新的研究领域和拓展发展空间带来更多机遇。对中国智库而言,世界形势的上述变革,无疑也会带来诸多现实挑战,主要体现在以下几个方面:首先,信息复杂性增加。随着全球化和信息化的深入发展,国际事务变得更加复杂多变,信息来源广泛且难以筛选,对智库的信息收集、分析和处理能力提出了更高的要求。其次,政策研究难度加大。世界经济格局和地缘政治体系的变革,以及国际冲突的上升,使得国际政治经济环境更加不确定,政策制定需要更加精准和前瞻。中国智库需要更加深入地研究国内外形势,为政府提供更加科学、合理的政策建议。再次,国际竞争加剧。在全球化和信息化的大背景下,各国智库之间的竞争也日趋激烈。中国智库需要不断提升自身的研究能力和国际影响力,以应对来自国际智库的挑战。总之,站在国际视野来看,为了发挥好世界发展中的中国力量、中国精神,中国智库亟须强化自身建设,更好发挥智囊团作用,一方面,敏锐洞察和捕捉全球范围内的重大议题,进行前瞻性的研究和预测;另一方面,担当起观察世界变局、谋划全球战略和咨政建言的使命任务。

(三)人工智能等新兴技术蓬勃发展

随着信息时代的到来,互联网、大数据、云计算、人工智能等新兴技术蓬勃发展,改变着知识的获取、学习、应用和传播方式。利用日新月异的技术手段提高成果质量、推进研究方法革新、提升自身管理水平已经成为智库界的"新时尚"。

当前信息时代正加快进入人工智能的发展阶段,人工智能领域近年来正迎来一场由生成式人工智能大模型引领的爆发式发展。2022

年,OpenAI 公司推出一款人工智能对话聊天机器人 ChatGPT,其出色的自然语言生成能力引起了全世界范围的广泛关注,国内外随即掀起了一场大模型浪潮,Gemini、文心一言、Copilot、Llama、SAM、SORA 等各种大模型如雨后春笋般涌现,2022 年也被誉为大模型元年。

新技术对智库的影响主要体现在以下几个方面:

1. 提高智库的研究效率和质量

数据信息情报是智库发展的生命线。智库可以采取多种采集方式,广泛收集国内外政府部门、高校科研机构、企业和社会的公开数据及第一手内部情报,并积累形成相应的数据库,包括:专业的信息资源数据库、科学的统计分析和预测模型工具、完备的智库科研和管理系统、开放的知识交流和资源共享平台、多元的传播推介模式和呈现平台等。同时,将大数据的挖掘和开发作为决策知识的发现过程和渠道之一,借助专业先进的数据挖掘方法,充分挖掘其潜在价值。

人工智能技术,特别是计算智能技术,能高效处理大规模、复杂、实时动态的数据;认知智能技术能对各类数据进行智能化监测,及时发现和剔除那些内容残缺、重复冗余、过时失效以及带有噪声等问题的数据;自然语言处理(NLP)技术,如 ChatGPT,可以快速地对大量文本进行处理和分析,能够处理和分析海量的政策文献、研究报告和统计数据等。

因此,新技术为智库工作人员提供了准确的数据信息处理和分析支撑,进而提高智库的研究效率和质量。

2. 促进智库研究方法的创新

新技术为智库研究提供了新的工具和手段,推动了研究方法的创新。通过运用新技术,智库可以开发出更加先进的研究模型和方法,以更好地应对复杂多变的研究问题。数字智能技术与智库研究的深入融合,可以对重大问题、重要领域和关键区域全面开展变量明确、数据清晰、理论科学的基础数据库和算法模型库构建,极大地改进数字时代的调查研究。

比如,人工智能可以通过对历史政策案例的学习,发现政策之间的规律和关联,为当前和未来的政策预测提供参考。智库可以利用人工智能算法和技术,如机器学习、深度学习等,构建政策预测模型。这些模型可以根据历史数据和当前情况,对未来的政策走向进行预测。智库可以运用决策模型和算法,对政策决策进行模拟和优化,帮助政策决策者找出最优的政策决策路径。

3. 增强智库的开放性

在新技术的驱动下,智库的开放性得到了极大的提升。通过互联网和新媒体平台,智库可以将其研究成果广泛公开和分享,吸引更多的专业人士和公众参与讨论和互动,从而提高了智库的影响力和创新性。

尽管新技术在助力智库研究和运营方面具有诸多优势,但也面临一些挑战。例如,数据隐私和安全问题、算法偏见等。因此,智库在利用人工智能进行政策预测时,需要加强数据管理和隐私保护的监管措施,避免数据被滥用和泄露。同时,还需要不断优化和更新算法及模型,提高其对复杂问题的处理能力和准确性。

总之,新技术对智库的影响是深远的,它不仅提高了智库的数据分析和处理能力,还提升了研究效率和质量,并为政策制定和决策支持提供了有力支撑。

（四）中国式现代化战略的全面实施

中国作为全球最大的发展中国家，是全球经济发展体系的重要成员，也是保持全球稳定的重要力量。当人类发展进入21世纪的第二个十年之际，爆发了新冠疫情的全球重大公共卫生事件，历经三年之久，中国以大国担当和高度负责的态度，充分发挥特有的制度优势和文化优势，在全球率先取得了应对重大疫情的全面胜利，率先实现了疫情后国民经济的恢复性增长，继续沿着经济全球化的道路，促进中国特色社会主义经济走上可持续发展之道，对带动全球经济复苏贡献了中国方案、中国力量、中国智慧。

在过去的三年，2022年恰逢中国共产党第二十次全国代表大会召开，习近平总书记在党的二十大报告中指出，"从现在起，中国共产党的中心任务就是团结带领全国各族人民全面建成社会主义现代化强国、实现第二个百年奋斗目标，以中国式现代化全面推进中华民族伟大复兴"，为新征程发展指明了全党全军全国各族人民共同奋斗的总体方向。更为重要的是，党的二十大报告全面提出了"中国式现代化"（人口规模巨大的现代化、全体人民共同富裕的现代化、物质文明和精神文明相协调的现代化、人与自然和谐共生的现代化、走和平发展道路的现代化）宏伟战略，并明确提出了"从二〇二〇年到二〇三五年基本实现社会主义现代化；从二〇三五年到本世纪中叶把我国建成富强民主文明和谐美丽的社会主义现代化强国"的两步走行动目标。毫无疑问，作为人口规模巨大、经济总量居世界第二的国家，中国式现代化战略的实施，对破解人类社会发展难题、推进人类现代化进程、创造人类文明新形态等方面均具有重要意义。如今，中国式现代化战略已经成为国家各部委、全国各地方政府谋划经济社会发展的总体指导战略和行动目标指南,不断探索形成富有中国特色、地方特色的中国式现代化发展图景和重大经验。

总体来看,世界经济格局的重大变化,地缘政治体系变革和国际冲突上升,以及中国式现代化战略的提出给智库研究和发展提出巨大挑战,也给出了广阔空间。

中国式现代化战略作为一项具有理论性、实践性、长期性、艰巨性的国家战略,对智库而言也提出诸多挑战。一方面,中国式现代化战略的实施,要求广大智库机构全面系统地开展高水平、高质量的理论研究,需要对中国式现代化的理论逻辑、历史逻辑、现实逻辑做出清晰的阐释和界定,进一步论证中国式现代化战略的世界意义和人类价值;另一方面,面对中国式现代化战略实施过程中出现的许多重大问题、挑战和瓶颈,智库要开展全方位、有深度的社会实践调研,在全面调研的基础上,对中国式现代化的运行过程和实践模式进行问诊把脉,提出高水平、有创新、有价值的决策建言。

二、2021—2023年中国智库建设新进展

（一）中央对中国特色新型智库高度重视

党的十八大以来，以习近平同志为核心的党中央高度重视中国特色新型智库建设，为加快中国特色新型智库的高质量发展提供了良好土壤、做出了重大部署，中国智库发展取得长足进步。

1. 习近平总书记高度重视智库建设

党的十八大以来，习近平总书记高度重视中国特色哲学社会科学和中国特色新型智库建设，多次在重要会议、调研、批示中对哲学社会科学，特别是智库建设进行论述、提出要求。

2013年4月15日，习近平总书记在对智库建设的重要批示中明确了建设中国特色新型智库的任务，首次提出要建设中国特色新型智库，要在完善决策机制的建设路径中，积极探索有效的智库建设措施。

2014年10月,习近平总书记在中央全面深化改革领导小组第六次会议上主持审议了《关于加强中国特色新型智库建设的意见》,并强调要从战略的高度建设中国特色新型智库。习近平总书记还指出了中国特色新型智库体系的系统性建设方案,"统筹推进党政部门、社科院、党校行政学院、高校、军队、科技企业和社会智库协调发展,形成定位明晰、特色鲜明、规模适度、布局合理的中国特色新型智库体系,重点建设一批具有较大影响和国际知名度的高端智库,重视专业化智库建设"。

2015年11月,习近平总书记主持召开中央全面深化改革领导小组第十八次会议,审议通过《国家高端智库建设试点工作方案》,并在会上强调,"要建设一批国家亟需、特色鲜明、制度创新、引领发展的高端智库,重点围绕国家重大战略需求开展前瞻性、针对性、储备性政策研究"。

2016年5月17日,习近平总书记在哲学社会科学工作座谈会上对党的十八大之后中国特色新型智库的建设情况,做了阶段性回顾,同时指出了中国特色新型智库建设存在的问题。

2017年2月6日,习近平总书记主持召开中央全面深化改革领导小组第三十二次会议并发表重要讲话,指出"规范和引导社会智库健康发展,对发挥民间智力为党和政府决策服务具有重要意义"。

2020年2月,习近平总书记主持中央全面深化改革委员会第十二次会议,审议通过《关于深入推进国家高端智库建设试点工作的意见》,强调"建设中国特色新型智库是党中央立足党和国家事业全局作出的重要部署,要精益求精、注重科学、讲求质量,切实提高服务决策的能力水平"。

2022年,习近平总书记在《求是》杂志发表的重要文章《加快建设科技强国,实现高水平科技自立自强》中指出,要发挥中国科学院、中国工程院作为国家队的学术引领作用、关键核心技术攻关作用、创新人才培养作用,强化两院的国家高端智库职能。同年,习近平总书记在中共中央政治局第三十七次集体学习时强调,要加强人权智库和人权研究基地建设,着力培养一批理论扎实、学术精湛、熟悉国际规则、会讲中国人权故事的高端人权专家队伍,更好推动我国人权事业发展。

2023年,习近平总书记在中央党校建校90周年庆祝大会暨2023年春季学期开学典礼上的讲话中指出,各级党校要坚持需求导向和问题导向,从党和国家急迫需要和战略需求出发,上接天线、下铺地线,积极开展前瞻性、政策性、应用性研究。对策研究要选好角度,增强政策建议的含金量,往实里做、往深里做、往精里做,努力做到研究"见底"、成果管用有效。各级党委和政府要积极支持党校智库建设。

此外,习近平总书记高度重视智库对外交流和智库在公共外交中的作用,在大量的国内会议论坛,国际双边、多边会议等重大国事活动和外交场合中提到智库,强调要重视加强智库国内外交流,强化智库外交,密切智库间合作。2021—2023年,习近平总书记分别在中国—东盟建立对话关系30周年纪念峰会、金砖国家领导人会晤、中国科学院第二十次院士大会、中国工程院第十五次院士大会、中国科协第十次全国代表大会、中国—中东欧国家领导人峰会、首届中国—阿拉伯国家峰会、全球发展高层对话会、中亚五国建交30周年视频峰会、第三届"一带一路"国际合作高峰论坛、中央党校建校90周年庆祝大会等重要场合发表的讲话中提到智库。他强调,要加强国内外智库沟通交流,搭建智库平台,促进政府间合作,促进民心相通,充分发挥智库在对外交流和公共外交上的重要作用。

习近平总书记关于中国特色新型智库的重要论述为新时代中国智库建设提供了重要指导,明确了中国特色新型智库的发展路径,指明了适合中国国情的决策咨询制度,推动了中国智库的实践创新。中国特色新型智库建设要以习近平新时代中国特色社会主义思想为指导,以习近平总书记关于中国特色新型智库建设的一系列重要论述和指示批示为遵循,牢牢把握中国特色新型智库建设的大方向。

2. 国家各部委和各行业加快智库建设脚步

2021—2023年,在习近平新时代中国特色社会主义思想的引领下,智库建设上升到党和国家事业发展全局的战略高度。习近平总书记关于中国特色新型智库建设的论述推动了中国智库的创新实践,中央陆续出台相关政策文件引导智库整体发展。国家各部委陆续出台本系统的新型智库建设实施方案和管理办法,引领和引导各类行业产业推进专业型智库建设。在一系列的政策引导和扶持下,全国各类型、多样化的智库蓬勃有序发展。

2021—2023年,党中央、国务院和一些部委办出台的近70份各类规划、纲要、文件中均提到了建设或者加快建设各类专业型智库,以鼓励智库向专业化、特色化方向发展。从出台意见的数量看,每年逐渐增多,说明智库在越来越多的专业细分领域发挥重要作用。从具体内容看,2021年各类文件中主要是提出要建设各领域各行业高端智库。2022年的各类文件中开始出现智库联盟、智库建设试点单位、智库矩阵等提法,说明部分行业在有了一定智库数量后,不断探索智库间合作,形成智库联合体,并发挥优秀智库的示范作用。2023年,国家体育总局、自然资源部出台决策咨询项目和智库管理办法,有组织地引导行业智库的管理与有序发展。

二、2021—2023年中国智库建设新进展

表2-1 2021—2023年中央和国家部委等出台文件政策中涉及智库发展的内容

2021年

序号	时间	发布单位	政策名称	相关内容
1	2021年1月	中共中央国务院	《法治中国建设规划（2020—2025年）》	加快补齐党内法规理论研究方面短板，重点建设一批党内法规研究高端智库和研究教育基地，推动形成一批高质量研究成果，引领和聚集一批党内法规研究人才
2	2021年4月	中共中央办公厅、国务院办公厅	《关于加强社会主义法治文化建设的意见》	依托高等学校和科研机构，加强对生态产品价值实现机制改革创新的研究，强化相关专业建设和人才培养，培育跨领域跨学科的高端智库
3	2021年4月	中共中央国务院	《关于加强基层治理体系和治理能力现代化建设的意见》	加快基层治理研究基地和智库建设，加强中国特色社会主义基层治理理论研究
4	2021年6月	中共中央国务院	《全民科学素质行动规划纲要(2021—2035年)》	深入开展科普对象、手段和方法等研究，打造提升全民科学素质的高端智库
5	2021年7月	中共中央国务院	《关于优化生育政策促进人口长期均衡发展的决定》	加强新时代中国特色人口学科和理论体系建设，发展人口研究高端智库，促进国际交流合作
6	2021年8月	中共中央国务院	《法治政府建设实施纲要(2021—2025年)》	鼓励、推动高等法学院校成立法治政府建设高端智库和研究教育基地
7	2021年8月	中共中央办公厅、国务院办公厅	《关于进一步加强非物质文化遗产保护工作的意见》	推动非物质文化遗产智库建设，进一步发挥专家咨询作用

续　表

序号	时间	发布单位	政策名称	相关内容
8	2021年9月	中共中央办公厅、国务院办公厅	《关于在城乡建设中加强历史文化保护传承的意见》	加强专业人才队伍建设，建设城乡历史文化保护传承国家智库
9	2021年9月	中共中央国务院	《中国妇女发展纲要（2021—2030年）》和《中国儿童发展纲要（2021—2030年）》	充分发挥各级妇儿工委及其办公室作用，加强儿童工作智库建设，依托高校、研究机构、社会组织等建设儿童发展研究基地，培育专业研究力量，广泛深入开展理论与实践研究，为制定完善相关法律法规政策提供参考
10	2021年9月	中共中央国务院	《知识产权强国建设纲要（2021—2035年）》	大力发展国家知识产权高端智库和特色智库，深化理论和政策研究，加强国际学术交流
11	2021年9月	中共中央国务院	《全面深化前海深港现代服务业合作区改革开放方案》	发展中国特色新型智库，建设粤港澳研究基地
12	2021年9月	国务院办公厅	《"十四五"全民医疗保障规划》	组建全国医疗保障标准化技术委员会，建设高水平医疗保障标准化智库
13	2021年10月	国务院办公厅	《"十四五"文物保护和科技创新规划》	建设文物领域国家智库，打造文化遗产国际智库，加强专业人才培养
14	2021年10月	中共中央国务院	《"十四五"国家知识产权保护和运用规划》	加强知识产权理论研究，完善知识产权研究管理机制，强化智库建设，鼓励地方开展政策研究

二、2021—2023年中国智库建设新进展

续　表

序号	时间	发布单位	政策名称	相关内容
15	2021年10月	中共中央国务院	《国家标准化发展纲要》	提升科研人员标准化能力,充分发挥标准化专家在国家科技决策咨询中的作用,建设国家标准化高端智库
16	2021年11月	中共中央国务院	《关于加强新时代老龄工作的意见》	支持研究机构和高校设立老龄问题研究智库
17	2021年11月	人力资源社会保障部、国家发展改革委、财政部、商务部、市场监管总局	《关于推进新时代人力资源服务业高质量发展的意见》	建设人力资源服务行业智库,加强战略性、理论性、基础性研究

2022年

序号	时间	发布单位	政策名称	相关内容
1	2022年1月	国务院办公厅	《"十四五"市场监管现代化规划》	加快高水平市场监管智库和综合型研究机构建设,加强重大理论和实践问题战略研究、决策咨询,开展人才需求分析。推进市场监管人才培养,加快相关学科专业建设,培养符合市场监管现代化需求的后备人才
2	2022年1月	交通运输部、科学技术部	《交通领域科技创新中长期发展规划纲要(2021—2035年)》	优化高校前沿交叉学科布局,推动科学研究人才、高端智库人才、技能型人才协同发展

19

续 表

序号	时间	发布单位	政策名称	相关内容
3	2022年1月	交通运输部	《关于进一步加强交通运输安全生产体系建设的意见》	建立行业安全智库联盟工作机制,鼓励支持相关科研院所和社会机构参与安全研究,提升安全生产领域科研攻关能力
4	2022年3月	国家发展和改革委员会	《国家发展改革委等部门关于推进共建"一带一路"绿色发展的意见》	建设绿色丝绸之路新型智库,构建共建"一带一路"绿色发展智力支撑体系
5	2022年3月	国家发展和改革委员会	《"十四五"旅游业发展规划》	研究出台关于加强旅游科研工作的政策文件,推动旅游科研院所创新发展,培育和认定一批旅游行业智库建设试点单位,用好中国旅游科学年会等研究成果交流平台
6	2022年3月	中共中央办公厅、国务院办公厅	《关于加强科技伦理治理的意见》	支持相关机构、智库、社会团体、科技人员等开展科技伦理理论探索,加强对科技创新中伦理问题的前瞻研究,积极推动、参与国际科技伦理重大议题研讨和规则制定
7	2022年4月	国务院安全生产委员会	《"十四五"国家安全生产规划》	加快推进安全生产国家级重点实验室、技术创新中心、协同创新中心、战略理论政策智库创建,推动安全生产科技创新资源开放共享,形成基础研究、技术创新和应用研究贯通发展的安全生产科技创新生态

续 表

序号	时间	发布单位	政策名称	相关内容
8	2022年4月	中共中央办公厅、国务院办公厅	《关于推进新时代古籍工作的意见》	加强有关行业协会、学术团体和智库建设，鼓励社会各界积极参与古籍事业，营造全社会共同关心支持古籍工作的良好氛围
9	2022年4月	住房和城乡建设部办公厅	《住房和城乡建设部2022年信用体系建设工作要点》	建立住房和城乡建设部信用体系建设专家智库，为住房和城乡建设领域信用体系建设工作提供智力支持
10	2022年4月	中共中央办公厅	《国家"十四五"时期哲学社会科学发展规划》	要加强中国特色新型智库建设，着力打造一批具有重要决策影响力、社会影响力、国际影响力的新型智库，为推动科学民主依法决策、推进国家治理体系和治理能力现代化、推动经济社会高质量发展、提升国家软实力提供支撑
11	2022年5月	中共中央宣传部、教育部	《面向2035高校哲学社会科学高质量发展行动计划》	要以能力提升为重点，统筹推进高校智库建设，优化高校智库发展环境，打造专业化创新型高质量高校智库矩阵，加强和改进国别与区域研究，建强中国特色新型高校智库
12	2022年5月	外交部	《中国关于同太平洋岛国相互尊重、共同发展的立场文件》	加强青年、体育、文艺、高校、智库、妇女、新闻等方面交流合作
13	2022年7月	民政部政策规划司	《国家标准化发展纲要》	加强国家标准化高端智库建设

续　表

序号	时间	发布单位	政策名称	相关内容
14	2022年7月	国家文物局、文化和旅游部、发展改革委、自然资源部、水利部	《黄河文物保护利用规划》	依托国家研究机构和高等院校，培育黄河文物研究智库和高水平综合性研究团队，推出多学科、跨领域的协同创新研究平台
15	2022年8月	科技部、财政部	《企业技术创新能力提升行动方案（2022—2023年）》	构建企业创新高端智库网络，引导支持企业提升科技创新战略规划能力
16	2022年8月	中共中央办公厅、国务院办公厅	《"十四五"文化发展规划》	培育高效整合国内外学术资源、引领学科创新发展的学术平台。充分发挥国家社会科学基金示范引导作用。深入推进中国特色新型智库建设
17	2022年8月	科技部、中央宣传部、中国科协	《"十四五"国家科学技术普及发展规划》	实施银龄科普行动，积极开发老龄人力资源，大力发展老年协会、老科协等组织，充分发挥老专家在咨询、智库等方面的作用
18	2022年9月	教育部办公厅	《关于推荐教育部高等继续教育专家委员会委员人选的通知》	充分发挥专家智库作用，提高高等继续教育科学决策水平
19	2022年11月	国家卫生健康委、国家中医药局、国家疾控局	《"十四五"全民健康信息化规划》	推进统计数据安全有序开放，探索建立与高水平医疗卫生机构及高等院校、科研院所、企业等社会第三方智库的合作机制，围绕重点难点问题，开展统计调查大数据融合应用，发挥行为分析、态势感知、预测预报、政策评价与模拟等方面辅助决策作用

续 表

序号	时间	发布单位	政策名称	相 关 内 容
20	2022年11月	教育部国家语委	《关于加强高等学校服务国家通用语言文字高质量推广普及的若干意见》	以国家语言文字推广基地、国家语委研究基地为引领,建设一批语言文字应用研究高地、决策咨询智库
21	2022年12月	中共中央办公厅、国务院办公厅	《关于新时代进一步加强科学技术普及工作的意见》	广泛开展科普能力培训,依托高等学校、科研院所、科普场馆等加强对科普专业人才的培养和使用,推进科普智库建设。加强科普志愿服务组织和队伍建设
22	2022年12月	人力资源和社会保障部	《关于进一步做好职称评审工作的通知》	推广代表性成果制度,标准开发、技术推广、技术解决方案、创新突破、高质量专利成果转化、理论文章、智库成果、文艺作品、教案、病历等业绩成果均可作为代表性成果参加职称评审
23	2022年12月	人力资源流动管理司	《关于实施人力资源服务业创新发展行动计划(2023—2025年)的通知》	实施人力资源服务业万名领军人才培养计划,建立覆盖行业龙头企业高级管理人员、专业技术人员和大型企业人力资源部门负责人的领军人才库和专家智库

2023 年

序号	时间	发布单位	政策名称	相 关 内 容
1	2023年1月	国家体育总局	《国家体育总局决策咨询研究项目管理办法》	体育总局体育高端智库承担的临时性、重大决策咨询任务,可以根据工作需要,纳入体育决策咨询研究项目管理

续　表

序号	时间	发布单位	政策名称	相关内容
2	2023年1月	国家药品监督管理局	《关于进一步加强中药科学监管促进中药传承创新发展的若干措施》	加强高端智库建设。充分发挥高端智库作用，组建由中医药领域和其他相关学科领域的院士、国医大师以及资深专家组成的中药管理战略决策专家咨询委员会，建立中药监管科学工作专家组，为国家药监局提供相关政策、法律咨询，提出决策参考、工作建议，确保中药监管工作重大决策的科学性、权威性
3	2023年1月	中国消防协会	《关于促进消防产业高质量发展的指导意见》	积极争取地方政府支持，依托消防社团组织专家智库和既有产业资源，联合推进消防产业园、消防科技创新基地、消防教育培训基地建设，带动消防产业集群式发展
4	2023年2月	自然资源部	《关于加强自然资源智库建设的若干意见》	全文就加强自然资源智库建设提出指导意见
5	2023年2月	中共中央办公厅、国务院办公厅	《关于加强新时代法学教育和法学理论研究的意见》	探索建立法治工作部门优秀实务专家到高等学校任教以及到智库开展研究制度，实施人员互聘计划。建设国家亟需、特色鲜明、制度创新、引领发展的法治高端智库
6	2023年3月	全民科学素质纲要实施工作办公室	《2023年全民科学素质行动工作要点》	聚焦科学素质建设服务中国式现代化等重要课题开展理论研究，打造提升全民科学素质的高端智库

二、2021—2023 年中国智库建设新进展

续 表

序号	时间	发布单位	政策名称	相 关 内 容
7	2023年3月	科学技术部等	《关于进一步支持西部科学城加快建设的意见》	联合国家高端智库，共建科技创新平台，开展重大战略咨询、院士专家参与重大技术攻关、高端学术活动等
8	2023年3月	工业和信息化部	《国家工业遗产管理办法》	支持工业文化智库发展，加强专业人才队伍建设，鼓励强化工业遗产保护利用学术研究，加强工业遗产资源调查，开展专业培训及国内外交流合作
9	2023年3月	国家能源局	《关于加快推进能源数字化智能化发展的若干意见》	建立试点示范成效评价机制，充分发挥行业协(学)会、智库咨询机构等多方力量在示范项目技术支持、试验检测、评估论证等方面的能力和作用。相关行业协(学)会、智库咨询机构要充分发挥沟通政府与服务企业的桥梁纽带作用，做好政策宣传解读，及时反映行业和企业诉求，为相关部门和企业提供信息服务、搭建沟通合作桥梁
10	2023年3月	国家知识产权局	《推动知识产权高质量发展年度工作指引(2023)》	加强知识产权宏观管理，密切跟踪宏观经济形势，加强调查研究和智库建设，聚焦知识产权领域共性问题和普遍诉求，研究提出有利于稳预期、提信心的知识产权政策措施建议
11	2023年3月	文化和旅游部、国家发展和改革委员会	《东北地区旅游业发展规划》	建立东北地区旅游业发展智库，大力引进和培育高层次人才、专业技术人才、复合型经营管理人才，推广市场化选聘旅游职业经理人方式

续 表

序号	时间	发布单位	政策名称	相关内容
12	2023年3月	国家体育总局	《2023年全国体育政策法规规划工作要点》	印发实施《体育高端智库管理办法》,在规范管理的基础上,充分调动体育高端智库(2023—2025年)入选智库为体育部门决策建言献策的积极性,畅通沟通合作渠道,引导入选智库围绕体育改革发展重点难点热点问题开展深入研究
13	2023年3月	科学技术部	《高质量培养科技成果转移转化人才行动方案》	组建科技成果转移转化智库。充分发挥各培养基地贴近科技成果转化一线的优势,吸纳、遴选、推荐政策水平、理论素养或实操能力突出的专家,建立科技成果转移转化智库。智库建设以提高科技成果转化和产业化水平为宗旨,以师资队伍建设为抓手,为科技成果转移转化事业提供研究支撑和决策咨询
14	2023年4月	最高人民检察院	《关于加强新时代检察机关网络法治工作的意见》	加强网络法治研究,促进检产学研相结合。加强网络法治智库建设,聚焦重大网络法治问题,提供政策建议
15	2023年4月	中共中央办公厅、国务院办公厅	《关于全面加强新形势下森林草原防灭火工作的意见》	加强森林草原防灭火智库建设,建立防灭火专家咨询制度
16	2023年4月	共青团中央、教育部、国家民族事务委员会	《关于进一步提升青少年民族团结进步教育工作实效的若干措施》	促进青少年民族团结进步教育与互联网深度融合,打造青少年民族团结进步教育信息平台,依托互联网连接基层团组织和专家智库,实现资源共享、信息交互

二、2021—2023 年中国智库建设新进展

续　表

序号	时间	发布单位	政策名称	相关内容
17	2023年5月	国家文物局	《关于充分运用革命文物资源铸牢中华民族共同体意识的意见》	支持有条件的博物馆、纪念馆与国家民委直属高校共建新型智库、研究中心，加强学科建设，开设革命文物保护利用相关课程，加大革命文物专业方向本科、硕士、博士培养力度
18	2023年5月	住房和城乡建设部	《住房和城乡建设部2023年信用体系建设工作要点》	加强智库建设。加快推进住房和城乡建设领域信用体系智库建设，吸收高校、科研院所在信用体系建设方面专家，为住房和城乡建设领域信用体系建设政策研究和创新应用提供智力支持
19	2023年7月	全国人大常委会	《十四届全国人大常委会关于国有资产管理情况监督工作的五年规划(2023—2027)》	全面落实党中央关于大兴调查研究的部署要求，做好常规监督调研，并深入开展"小切口"式调研，真正推动解决实际问题。完善第三方参与机制，规范有效发挥高校智库、专家学者等作用
20	2023年7月	国务院知识产权战略实施工作部际联席会议办公室	《2023年知识产权强国建设纲要和"十四五"规划实施推进计划》	加快推进知识产权新型智库建设，强化知识产权领域重大理论和实践问题研究
21	2023年7月	教育部	《关于实施新时代职业学校名师(名匠)名校长培养计划的通知》	通过工作室建设，进一步完善专家人才库，发挥名师(名匠)名校长的辐射带动和"智库"作用，助力成长为职业教育教师、校长创新发展的引领者、探索者

续　表

序号	时间	发布单位	政策名称	相关内容
22	2023年7月	教育部等	《国家银龄教师行动计划》	在民办学校探索推行"导师制",由高素质银龄教师担任青年教师导师,发挥师承效应,打造"银龄智库"
23	2023年8月	共青团中央	《关于新时代新征程加强和改进团员队伍建设工作的意见》	注重建章立制。整合团内外智库资源,围绕团员队伍建设相关重大问题开展研究,推动成果转化运用
24	2023年8月	工业和信息化部	《制造业技术创新体系建设和应用实施意见》	统筹行业协会、产业联盟、高校、科研院所、专业智库等力量,形成工作合力,推进创新链与产业链、资金链、人才链深度融合
25	2023年9月	交通运输部	《关于加快建立健全现代公路工程标准体系的意见》	建立技术标准专家智库,在项目立项、研发、成果验收和推广应用等环节发挥积极作用,加大标准编制成果在各类人才评价等方面的应用
26	2023年9月	市场监管总局	《关于全面深化长三角计量一体化发展的意见》	整合长三角地区计量专家力量,探索建立长三角计量一体化发展计量专家智库
27	2023年9月	中国共产党中央委员会、国务院	《关于支持福建探索海峡两岸融合发展新路　建设两岸融合发展示范区的意见》	扩大社会人文交流合作。支持厦门大学等加强涉台研究机构建设、与台湾各类智库交流合作。办好海峡论坛等两岸重大交流活动
28	2023年11月	中国证券业协会	《中国证券业协会专业委员会管理办法》	中国证券业协会专业委员会要发挥智库作用,对行业重点、难点、热点问题进行研究,推动行业高质量发展

3. 各省市智库建设趋稳向好

《关于加强中国特色新型智库建设的意见》印发后，国内地方各省（区、市）纷纷研究制定细则办法，多个省（区、市）出台重点智库建设意见。据不完全统计，2015—2023年，各省（区、市）出台智库发展相关专项实施意见或管理办法30余份。其中，2021年，辽宁省社科联出台《辽宁省社科联推进培育新型智库建设的实施意见》，湖南省委办公厅、省政府办公厅出台《关于深入推进湖南新型智库建设的实施意见》，山东省出台《山东省重点新型智库建设管理暂行办法》。2022年，中共浙江省委宣传部、浙江省社会科学界联合会出台《浙江省新型智库建设管理办法（修订）》。

同时，多省（区、市）筛选公布省级重点智库及培育智库，不断统筹引导地方智库体制机制改革创新。据不完全统计，全国各省（区、市）共公布400余家重点及培育智库。其中，2021年，江西省确定首批10家省级重点高端智库和5家省级重点培育智库，河南省公布首批6家省重点智库（含重点培育1家）和7家省特色智库（含重点培育1家）。2022年，海南省公布首批9家重点新型智库和2家重点新型培育智库，重庆市新增1家市级新型重点智库，山西省确定首批7家省重点智库。2023年，浙江省公布新增8家省新型重点专业智库和2家省新型重点培育智库，江苏省新增11家省重点培育智库。

随着中国特色社会主义进入新时代，国际环境发生深刻变化，全球治理体系加速变革，2022年10月党的二十大顺利召开。这是在我国迈上全面建设社会主义现代化国家新征程、向第二个百年奋斗目标进军的关键时刻召开的一次十分重要的大会，同时为中国特色新型智库建设提出了新要求和新任务,带来了新机遇和新挑战。国内智库界围绕深入学习贯彻落实党的二十大精神,开展了一系列阐释研究工作,进一步明确了新时代中国特色新型智库的使命担当和目标任务,新时代的中国智库建设大有可为。

2023年3月,全党开展学习贯彻习近平新时代中国特色社会主义思想主题教育。智库作为国家治理体系的重要组成部分,在国家发展的关键历史时期具有重要的推动作用。智库要更加扎实推进学习贯彻习近平新时代中国特色社会主义思想主题教育,把习近平总书记关于智库建设的重要论述和中央相关文件要求转化为坚定智库使命、指导智库工作实践、推动智库高质量发展的强大力量,扎实贯彻落实中央和各部委、各地方政府关于中国特色新型智库建设的意见及相关管理办法,为党委政府科学决策、促进经济社会高质量发展提供更有力的智力支撑。

(二)中国智库发展图景

截至2023年底,智库数据库共收录全国31个省(区、市)1 096家智库(不包括港、澳、台地区),每家智库有22项描述性字段信息多维度观察中国智库的发展。为更好地梳理中国智库发展图景,发现中国智库年度发展趋势规律,对数据库中的智库做如下统计分析:

1. 智库类型分布

如表2-2所示,数据库收录的智库中,国家党政/科研院所、地方党政/科研院所、高校智库占比共计81.4%,是中国智库发展中的主力军,其中国家党政/科研院所智库占比9.5%,虽然数量不及地方党政/

科研院所及高校智库,但从影响力上讲,是中国特色新型智库的领头雁。高校智库发展迅猛,成为中国特色新型智库的重要力量。在全部智库中高校智库占比42.6%,在省级重点智库及培育智库中高校智库占比59.6%。

表2-2 中国智库类型统计表

智库类型	数量（个）	占比（%）	其中省级重点智库、培育智库数量（个）
国家党政/科研院所智库	104	9.5	2
地方党政/科研院所智库	321	29.3	129
高校智库	467	42.6	254
社会智库	89	8.1	24
企业智库	92	8.4	14
军队智库	10	0.9	1
媒体智库	13	1.2	2
合计	1 096	100.0	426

2. 智库层级分布

自2015年中央发布《关于加强中国特色新型智库建设的意见》后,从中央到地方都越来越重视智库的发展,国家公布了国家高端智库及培育智库,大多数省(自治区、直辖市)也公布了重点智库及培育智库,从统计数据可以看出,各类国家、地方重点及培育智库占比43.2%,体现了智库发展的层次和梯队。具体见表2-3。

表 2-3 智库层级分布

智 库 层 级	数量(个)
国家高端智库	29
国家高端智库培育单位	18①
省级重点智库	325
省级重点培育智库	101
其 他	628
合 计	1 096②

3. 智库地域分布

统计中国智库的地域分布,可以看出,半数以上的中国智库集聚在东部地区,中西部地区各占15%左右,西部地区的智库数量略高于中部地区;作为政治中心,北京拥有全国约1/4的智库,其次是上海、江苏、广东,这表明智库数量与地区社会经济发展程度密切相关。另外,只有6个省(自治区、直辖市)没有公布重点、培育智库,体现了各省对智库发展的重视和布局引导。具体见表2-4。

4. 研究领域分布

将数据库收录的1 096家智库按研究领域分为经济类、社会发展

---

① 其中,中国政法大学人权研究院(联合西南政法大学人权研究院)、中国南海研究院(联合武汉大学边界与海洋研究院)2家国家高端建设培育单位在名录中收录为4家。
② 其中,浙江大学区域协调发展研究中心既是国家高端智库,又是省级重点智库。厦门大学台湾研究院、西南政法大学人权研究院、长江产业经济研究院、中国南海研究院既是国家高端智库培育单位,又是省级重点智库。

表2-4 智库在各省(区、市)分布情况

序 号	省 区	智库数量(个)	省级重点智库、培育智库数量(个)
1	北 京	281	14
2	上 海	150	26
3	江 苏	57	40
4	广 东	45	15
5	浙 江	42	31
6	广 西	38	31
7	四 川	35	22
8	云 南	33	30
9	辽 宁	32	27
10	湖 北	32	11
11	山 东	31	15
12	重 庆	30	23
13	天 津	29	0
14	湖 南	29	7
15	福 建	27	15
16	黑龙江	25	20
17	江 西	21	15
18	河 北	23	18
19	安 徽	19	15

续 表

序 号	省 区	智库数量（个）	省级重点智库、培育智库数量（个）
20	河 南	18	13
21	吉 林	15	8
22	山 西	14	7
23	贵 州	13	8
24	海 南	12	9
25	青 海	9	0
26	甘 肃	7	0
27	陕 西	7	0
28	内蒙古	7	3
29	宁 夏	6	3
30	新 疆	5	0
31	西 藏	4	0
合 计		1 096	426

类、综合类、科技类、区域类、国际类、党建类、文化类、政法类、生态类、教育类、防务类、卫生健康类等不同类型，分别统计其数量和占比。同时统计各类智库中省级重点、培育智库数量。

数据显示，不论是在总体各类智库还是省级重点及培育智库中，经济、社会发展、综合、科技、区域类智库的占比都超过了60%，是智库研究中较为热门的领域。具体见表2-5。

二、2021—2023年中国智库建设新进展

表2-5 智库研究领域分布表

研究领域	数量（个）	占比（%）	其中省级重点、培育智库数量（个）
经济类	208	19.0	86
社会发展类	158	14.4	79
综合类	114	10.4	29
科技类	110	10.0	32
区域类	84	7.7	44
国际类	77	7.0	20
党建类	68	6.2	27
文化类	73	6.7	33
政法类	50	4.6	15
生态类	55	5.0	31
教育类	38	3.5	13
防务类	39	3.6	4
卫生健康类	22	2.0	13
合 计	1 096	100.0	426

5. 智库联盟发展

智库发展不仅有中央、部委和省市的支持，各智库单位还"合纵连横"，纷纷成立各种类型的联盟，以整合研究力量、提升影响力。据项目组的不完全统计，2021—2023年，共成立各类联盟50家，包括区域类联

盟、行业类联盟、针对重大战略的联盟、各类高校联盟、党校联盟、科技联盟等。具体见表2-6。

表2-6　智库联盟统计表

2021年

序号	联盟名称	成立时间	发起单位
1	中国(萧山)长三角自由贸易智库联盟	2021年1月	中国(浙江)自由贸易试验区研究院、上海财经大学自由贸易区研究院、天津市自由贸易区研究院、第一财经研究院、南开大学中国自贸区研究中心、上海金融与发展实验室、华东政法大学自贸区法律研究院、光谷自贸研究院(武汉)有限公司、丝路研究院(海口)有限公司、国浩律师(上海)事务所、国研经济研究院东海分院、正研在线(上海)管理咨询有限公司、上海科橘信息科技有限公司
2	辽宁省钢铁产业产学研创新联盟	2021年2月	发起单位为本钢集团,成员单位包括东北大学、中国科学院金属研究所、中国科学院大连化学物理研究所、大连理工大学、中国科学院沈阳自动化研究所、辽宁工程技术大学、辽宁科技大学
3	长三角高端智库联盟	2021年3月	安徽省经济研究院、江苏省战略与发展研究中心、清华大学区域发展研究院、上海社会科学院长三角与长江经济带研究中心、上海市发展改革研究院、浙江清华长三角研究院、浙江省发展规划研究院、中科院南京地理与湖泊研究所区域发展与规划研究中心
4	"科创中国"联合体	2021年4月	由有关企业、科研机构、高等院校、产业园区、投融资机构等政产学研金服用各领域各类创新主体等88家单位发起

二、2021—2023年中国智库建设新进展

续　表

序号	联盟名称	成立时间	发起单位
5	粤港澳大湾区标准创新联盟	2021年4月	由粤港澳及周边地区从事标准化相关社会团体、企事业单位、高等院校、标准化专家和专业人士共同发起成立
6	长三角可持续发展大学联盟	2021年4月	由同济大学提议，东南大学、复旦大学、华东师范大学、南京大学、上海交通大学、同济大学、浙江大学、中国科学技术大学"华东八校"共同发起组建
7	成渝地区双城经济圈技术转移联盟	2021年4月	四川省科技厅和重庆市科技局联合推动，四川省技术转移中心和重庆技术评估与转移服务中心联合发起
8	京津冀数字经济联盟	2021年5月	京津冀三地科协组织协调50余家数字经济相关的产业领域、高等院校、科研院所、金融领域、社团组织等自愿结成的跨行业、开放性协作组织
9	长三角自由贸易试验区联盟	2021年5月	沪苏浙皖一市三省自贸试验区各片区管委会或管理局为联盟核心成员单位
10	中国—中东欧大学"体育教育与研究"联盟	2021年6月	宁波大学与苏州大学、罗马尼亚布拉索夫特兰西瓦尼亚大学等
11	浙江—中东欧国家教育智库联盟	2021年6月	宁波工程学院等省内26所高校
12	北京人工智能产业联盟	2021年6月	滴滴出行、火山引擎、华为、京东、鲲鹏联创、快手、旷视、北京市大数据中心、好未来集团、美团、小米、智源人工能研究院、第四范式、京东方、联通数科、360视觉、中国电信北京分公司、中国移动北京分公司、寒武纪等36家企事业单位

续 表

序号	联盟名称	成立时间	发 起 单 位
13	甘肃省超算产业技术创新战略联盟	2021年7月	甘肃省计算中心、甘肃先进计算中心、兰州大学、中国科学院西北生态环境资源研究院、中国科学院近代物理研究院、兰州新区科技文化旅游集团有限公司等单位发起，联合省内科研单位、高等院校及企业等30余家单位组建而成
14	浙江省"两山"理念(生态文明)智库联盟	2021年7月	由浙江农林大学浙江省乡村振兴研究院牵头组建，浙江大学中国农村发展研究院、宁波大学东海研究院、浙江理工大学浙江省生态文明研究院、浙江理工大学浙江省绿色发展研究中心、丽水学院中国(丽水)两山研究院、湖州师范学院"两山"理念研究院、浙江大学区域协调发展研究中心、浙江大学中国西部发展研究院、浙江工业大学两山转化与绿色发展联合研究中心、浙江财经大学绿色管理研究院、浙江工业大学全球发展与环境研究中心、浙大城市学院双碳治理研究中心等智库共同发起成立
15	辽宁省高等学校新型智库联盟	2021年7月	全省47所高校
16	进出境濒危物种鉴定实验室联盟	2021年8月	海关总署、中国科学院、直属海关、科研院等28家成员单位
17	中华文化传承与创新智库联盟	2021年8月	国家"万人计划"哲学社会科学领军人才、北京大学文化传承与创新研究院(抚州)常务副院长向勇联合中央党校(国家行政学院)、中国科学院、中国社会科学院、清华大学、中国艺术研究院、香港中文大学、联合国教科文组织国际创意与可持续发展中心等境内外30多家机构的专家学者共同发起成立

二、2021—2023 年中国智库建设新进展

续　表

序号	联盟名称	成立时间	发　起　单　位
18	京津冀自贸试验区智库联盟	2021年9月	南开大学中国自由贸易试验区研究中心、北京大学国家发展研究院、中国人民大学理论经济学院、对外经贸大学国际经贸学院、北京联合大学北京自贸区协同创新研究中心、河北大学经济学院、河北经贸大学中国（河北）自贸区研究中心、天津财经大学天津自由贸易区研究院、天津市社会科学院
19	江海洄游生物保护科技创新联盟	2021年9月	江苏省海洋水产研究所、自然资源部第二海洋研究所、中科院海洋所、华师大河口海岸国家重点实验室、上海海洋大学、上海市水生野生动植物保护研究中心、水科院淡水渔业研究中心、江苏省南通环境监测中心、国家海洋局南通海洋环境监测中心站、江苏中洋集团股份有限公司 10 家科研和企业机构共同发起成立
20	浙江省"一带一路"研究智库联盟	2021年9月	由浙江师范大学非洲研究院牵头，浙江省内其他 15 家国别区域研究机构为联盟首批成员单位
21	农业中关村产业联盟	2021年10月	由中国农业大学、北京京瓦农业科技创新中心等科研机构，大北农、沃德股份、正大畜牧投资等农业科技企业以及启迪控股、农科创投、国科农研等服务机构共同发起
22	碳中和世界大学联盟	2021年10月	由东南大学和英国伯明翰大学共同倡议发起，成员为北京航空航天大学、天津大学、大连理工大学、泰国清迈大学、美国肯塔基大学等全球 28 所高校
23	浙江省海洋发展智库联盟	2021年10月	浙江省宁波大学东海研究院牵头，成员单位为自然资源部第二海洋研究所、浙江省发展规划研究院海洋发展

39

续 表

序号	联盟名称	成立时间	发起单位
23	浙江省海洋发展智库联盟	2021年10月	研究中心、浙江大学海洋学院、浙江工业大学越南研究中心、浙江农林大学生态文明研究院、浙江海洋大学浙江舟山群岛新区研究中心、浙江万里学院中东欧研究中心(宁波海上丝绸之路研究院)、宁波海洋研究院、宁波大学"一带一路"研究院等智库
24	浙江省山区26县党校智库联盟	2021年12月	浙江山区26县党校
25	江苏省知识产权智库联盟	2021年12月	南京理工大学知识产权学院发起,南京大学、河海大学、苏州大学、南京师范大学、江南大学、江苏大学、南京工业大学等21所高校知识产权研究和人才培养机构,以及省生产力促进中心、省科学技术情报研究所、南京市知识产权保护中心
26	国家农业科技发展战略智库联盟	2021年12月	中国农业大学联合西北农林科技大学、中国农业科学院、中国林业科学院、中国科学院等国内外42家高校科研机构和企业
27	中柬文化交流联盟	2021年12月	由中国华能集团有限公司、北京外国语大学、艾利艾智库共同成立
28	国家区域重大战略高校智库联盟	2021年12月	由南开大学京津冀协同发展研究院(经济与社会发展研究院)发起,联合北京大学首都发展研究院、武汉大学中国中部发展研究院、山东大学黄河国家战略研究院、上海财经大学长三角与长江经济带发展研究院、暨南大学经纬粤港澳大湾区经济发展研究院共同成立
29	中原"三农"智库联盟	2021年12月	河南日报报业集团发起,联合全国"三农"领域智库成立

续 表

序号	联盟名称	成立时间	发 起 单 位
30	重庆市推动成渝地区双城经济圈建设智库联盟	2021年12月	由重庆市发展和改革委员会和重庆市推动成渝地区双城经济圈建设联合办公室指导,重庆市综合经济研究院(重庆市推动成渝地区双城经济圈建设研究中心)发起,首批成员包括重庆大学、西南大学、西南政法大学、重庆师范大学、重庆邮电大学、重庆交通大学、重庆工商大学、四川外国语大学、重庆理工大学、重庆日报社、重庆市委党校(重庆行政学院)、重庆市科学技术研究院、重庆市规划设计研究院、重庆市生态环境科学研究院、重庆市交通规划研究院、西部大数据前沿应用研究院等16家单位

2022年

序号	联盟名称	成立时间	发 起 单 位
1	宁波市红色智库联盟	2022年4月	由中共宁波市委党史研究室牵头,市委党校、市社科院、宁波日报报业集团、宁波大学等21家单位共同发起
2	海南自由贸易港—东盟智库联盟	2022年4月	由印尼战略与国际问题研究中心、马来西亚新亚洲战略研究中心、柬埔寨亚洲愿景研究院、柬埔寨皇家科学院中国研究所、菲律宾中华研究学会、越南社科院东南亚研究所、泰国清迈大学东盟研究中心、泰国国立法政大学东亚研究所、老挝国立大学中国研究中心,以及中国(海南)改革发展研究院、中国特色自由贸易港研究院、中国社会科学院世界经济与政治研究所、外交学院亚洲研究所、中国—东南亚南海研究中心、海南省社科院等9个国家的17个智库和智库学者发起

续表

序号	联盟名称	成立时间	发起单位
3	浙江省乡村振兴研究智库联盟	2022年6月	浙江大学中国农村发展研究院牵头，区域协调发展研究中心等14家涉及乡村振兴研究领域的科研机构成为首批成员单位
4	深圳市乡村振兴智库联盟	2022年6月	由深圳大学乡村振兴研究院牵头，联合中国农业科学院深圳农业基因组研究所、深圳市现代农业装备研究院、西北农林科技大学深圳研究院、深圳市标准技术研究院、丰农控股等20余家首批发起成员单位
5	绍兴市新型智库联盟	2022年7月	首批吸纳38家成员单位，包括党政部门智库、党校智库、高校智库、社会智库等多家智库型研究机构
6	浙江省社会建设研究智库联盟	2022年7月	浙江省发展规划院牵头成立，成员包括浙江省乡村振兴研究院、浙江大学公共政策研究院
7	长三角海归智库联盟	2022年8月	上海、江苏、浙江和安徽欧美同学会联合成立
8	"两山"智库联盟	2022年8月	上海市生态环境治理政策模拟与评估重点实验室、山东大学黄河流域生态产品价值实现研究中心、广西"两山"发展研究院、中华环保联合会、中国生态文明研究与促进会、中国四维测绘技术有限公司、中美后现代发展研究院、天能控股集团有限公司、北京大学习近平生态文明思想研究中心、北京林业大学生态文明研究院、生态环境部环境规划院生态环境工程咨询中心、发展中国论坛、甘南州孕秀农业产业发展有限公司、四川省环境政策研究与规划院、国际生态保护促进会、埃及沙拉夫可持续发展基金会、浙江大

二、2021—2023年中国智库建设新进展

续 表

序号	联盟名称	成立时间	发 起 单 位
			学土地与国家发展研究院、清华大学清洁生产与生态工业研究中心、湖北经济学院长江经济带发展战略研究院、湖州市社会科学界联合会、湖州师范学院"两山"理念研究院
9	湘粤社科智库联盟	2022年8月	由湖南省社会科学界联合会、广东省社会科学界联合会、永州市委市政府三方共同设立
10	RCEP智库联盟	2022年9月	中国(海南)改革发展研究院、新加坡国立大学东亚研究所、中国海洋发展基金会、中国社会科学院世界经济与政治研究所、中国日报社国际传播发展研究中心、日本国际经济交流财团、韩国东亚财团、老挝国立大学中国研究中心、马来西亚新亚洲战略研究中心、泰国国立法政大学东亚研究所、越南社会科学院东南亚研究所、柬埔寨皇家科学研究院中国研究所、柬埔寨亚洲愿景研究院等9个RCEP成员国的13家智库作为创始智库加入该联盟
11	东莞智库联盟	2022年9月	东莞市决策咨询委员会倡议成立,市委人才办、市委党校、东莞日报社、市驻穗办、市贸促会、团市委、市妇联、市科学技术协会、市社会科学界联合会(市社会科学院)、市文学艺术界联合会、市归国华侨联合会,市文化馆、市地理信息与规划编制研究中心、市城建规划设计院、东莞理工学院质量与品牌发展研究中心、东莞职业技术学院经济与管理学院等16家单位为成员单位

43

续　表

序号	联盟名称	成立时间	发　起　单　位
12	"数字丝绸之路"智库联盟	2022年9月	首届理事会理事长单位为广西社会科学院、广西特色新型智库联盟、马来西亚拉曼大学;副理事长单位由老挝国家社会和经济科学院、马来西亚新亚洲战略研究中心、泰国正大管理学院中国—东盟研究中心、印度尼西亚中小企业商会、中国信息通信研究院、中国科学技术发展战略研究院、复旦大学中国与周边国家关系研究院、广西信息中心、广西大学、广西师范大学、广西财经学院、中国联通广西分公司担任;理事单位有中国社会科学院亚太与全球战略研究院、马来西亚亚洲战略研究中心、云南社会科学院、广东社会科学院等30家智库
13	浙江省"三农"智库联盟	2022年10月	浙江省农村发展研究中心、浙江省农业农村现代化研究院、浙江大学中国农村发展研究院、浙江农林大学浙江省乡村振兴研究院、浙江省农业科学院农村发展研究所等25家单位
14	"中国与国际发展"智库联盟	2022年12月	商务部研究院联合复旦大学国际关系与公共事务学院、中国农业大学国际发展与全球农业学院、对外经济贸易大学国际发展合作学院、中国外文局国际传播发展中心共同发起成立

2023年

序号	联盟名称	成立时间	发　起　单　位
1	卓越大学智库联盟	2023年1月	由东南大学提出倡议,北京理工大学、重庆大学、大连理工大学、哈尔滨工业大学、华南理工大学、天津大学、同济大学、西北工业大学共同发起

二、2021—2023年中国智库建设新进展

续　表

序号	联盟名称	成立时间	发　起　单　位
2	智库人才培养联盟	2023年3月	由中国科学院科技战略咨询研究院发起,中国科学院科技战略咨询研究院、中国社会科学院信息情报研究院、中国工程院战略咨询中心、中国社会科学院国家金融与发展实验室、中国社会科学院国家全球战略智库、中国现代国际关系研究院等71家联盟单位参与
3	青海全省党校(行政学院、社会主义学院)系统智库联盟	2023年4月	由青海省委党校倡议,各市(州)委党校、"两弹一星"分校、省直机关分校共同发起
4	长三角安全发展与应急管理研究联盟	2023年5月	联盟由江苏省应急管理厅作为指导单位,由南京大学应急管理学科团队联合上海交通大学、复旦大学、浙江大学、中国科学技术大学的应急管理学科团队共同倡议发起
5	黄河流域公共图书馆智库服务联盟	2023年5月	由山东省图书馆、甘肃省图书馆牵头发起,联合青海省图书馆、四川省图书馆、宁夏回族自治区图书馆、陕西省图书馆、山西省图书馆、河南省图书馆、内蒙古自治区图书馆共同组建
6	西部陆海新通道智库联盟	2023年5月	由阿根廷国际关系理事会亚洲事务委员会、澳大利亚悉尼大学中国研究中心等14家国外智库和北京大学区域与国别研究院、复旦大学"一带一路"及全球治理研究院、重庆社会科学界联合会等34家国内智库,共计48家发起成立
			由西北大学中亚研究院、西北大学丝绸之路研究院、西北大学乌兹别克斯坦研究中心、哈萨克斯坦国家石油天

45

续　表

序号	联盟名称	成立时间	发　起　单　位
7	中国—中亚智库联盟	2023年6月	然气安全有限责任公司、吉尔吉斯斯坦总统下属战略研究所、塔吉克斯坦总统下属战略研究中心、吉尔吉斯斯坦国家科学院中亚人文研究中心、吉尔吉斯斯坦专家倡议中心、乌兹别克斯坦国家社会舆论研究中心、吉尔吉斯斯坦地缘政治与战略研究所等多家高端智库联合发起
8	河南省党校(行政学院)系统智库联盟	2023年7月	由省委党校(河南行政学院)倡议,各省辖市委党校和干部学院共同参与发起
9	船海领域高端智库联盟	2023年8月	由哈尔滨工程大学倡议,邀请多家高校、行业企业、船海领域研究院等单位参加,如中国船舶集团有限公司、大连海事大学、江苏科技大学等
10	湘粤社科智库联盟	2023年9月	湖南省社科联、广东省社科联、永州市委市政府联合成立
11	成渝地区双城经济圈科技智库联盟	2023年9月	由重庆科技发展战略研究院、四川省科学技术发展战略研究院、成都市科学技术发展战略研究院、中国科学院成都文献情报中心、重庆科学学与科技政策研究会等成渝地区科技智库单位发起成立
12	中拉媒体智库联盟	2023年9月	来自中国、阿根廷、巴西、墨西哥、智利、秘鲁的18家主流媒体及权威智库共同成立
13	甘肃省科技智库联盟	2023年10月	由甘肃省科学技术协会联合在甘两院院士和科研院所共同发起
14	东北地区党校(行政学院)智库联盟	2023年10月	辽宁、吉林、黑龙江、内蒙古四省区党校共同成立

续 表

序号	联盟名称	成立时间	发 起 单 位
15	教育强国建设智库联盟	2023年10月	由浙江大学联合国教科文组织研究中心、教育部—清华大学教育战略决策与国家规划研究中心、北京大学教育经济研究所、南京大学高等教育研究与评价中心、教育部中国人民大学教育发展与公共政策研究中心、华中科技大学院校发展研究中心、同济大学教育现代化研究中心、厦门大学高等教育发展研究中心、东北师范大学中国农村教育发展研究院、南京师范大学道德教育研究所等10家高校教育智库发起成立
16	中国自贸区港研究智库联盟	2023年11月	由中山大学、复旦大学、南京大学、浙江大学、南开大学与广西大学等共同发起
17	贵州黔兴高校智库联盟	2023年12月	由贵州省17所高校的24个研究团队组成

6. 智库论文统计分析

基于CNKI 2021—2023年的数据,截至2023年底,同时以智库为主题和关键词的研究论文共有2 200余篇。

如图2-1所示,从关键词看,出现频率较多的主题词包括智库建设、中国特色新型智库、高校智库、美国智库、智库服务、媒体智库、教育智库、科技智库、高质量发展等。可以看出,除了对智库的整体建设开展研究外,学者们越来越多地关注各类专业领域的智库建设。另外,在2020年中央全面深化改革委员会第十二次会议审议通过的《关于深入推进国家高端智库建设试点工作的意见》中提到"建设中国特色新型智库要精益求精、注重科学、讲求质量,切实提高服务决策的能力水平"后,越来越多的学者开始关注智库的高质量发展。

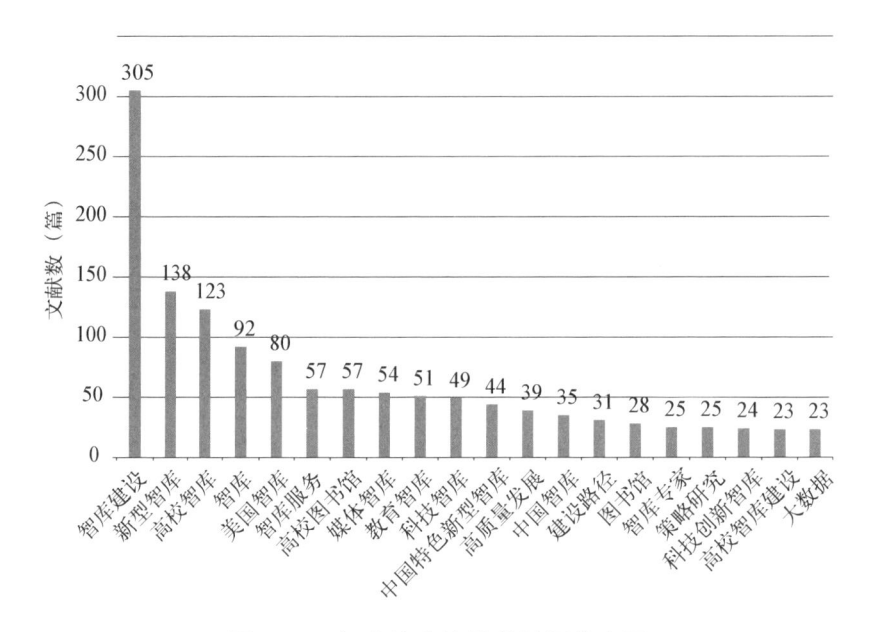

图 2-1 智库论文涉及关键词分布图

如图 2-2 所示,从文章涉及的学科看,当前对于智库的研究主要集中在管理学、图书情报与数字图书馆、高等教育、中国政治与国际政治、新闻与传媒、科学研究管理、计算机软件及计算机应用、出版等学科,这些学科的比例加总达 80%,其中管理学占比最大,达 37.48%。智库本身作为一个组织,其发展与建设也属于管理学研究的范畴,因而管理学涉及的最多。

如图 2-3 所示,从文献来源分布看,超过 60% 的文章来自《智库理论与实践》《中国社会科学报》《情报杂志》《中国科学院院刊》等四份期刊和报纸,其中除《情报杂志》是由陕西省科学技术情报研究院主办的学术性刊物外,其余三份均是由中国科学院和中国社会科学院主办的期刊和报纸。

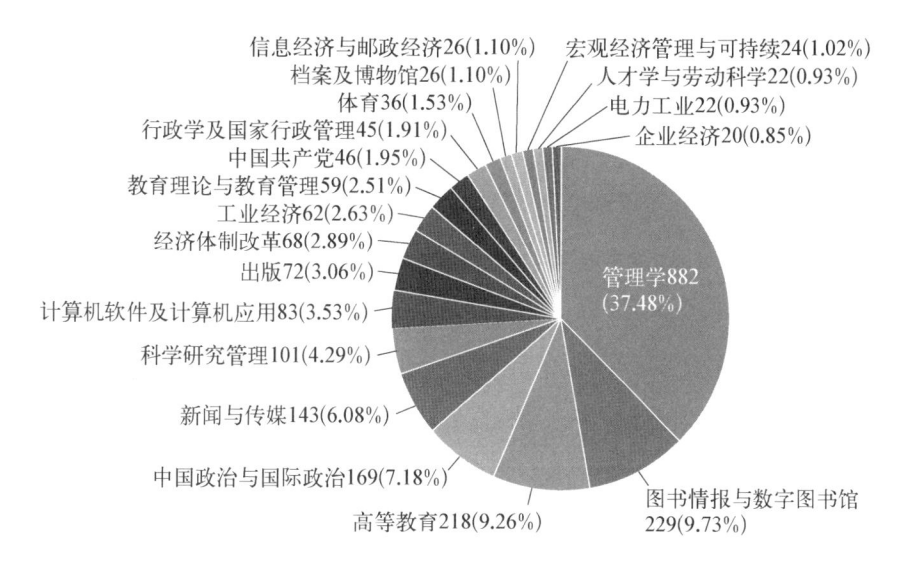

图 2‑2 智库论文涉及学科分布图

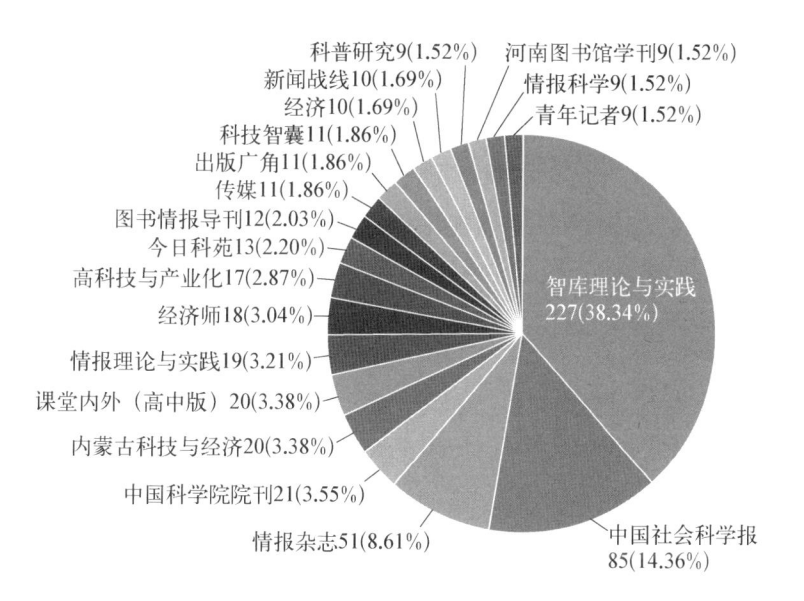

图 2‑3 智库论文文献来源分布图

如图 2‑4 所示,从作者所在单位看,主要来自中国科学院大学、中国人民大学、中国科学院科技战略咨询研究院、南京大学、吉林大学、清华大学、辽宁师范大学、北京大学、武汉大学、中国科协创新战略研究院、中国科学院文献情报中心、上海社会科学院、上海外国语大学、复旦大学等。总体来看来自大学的作者居多。

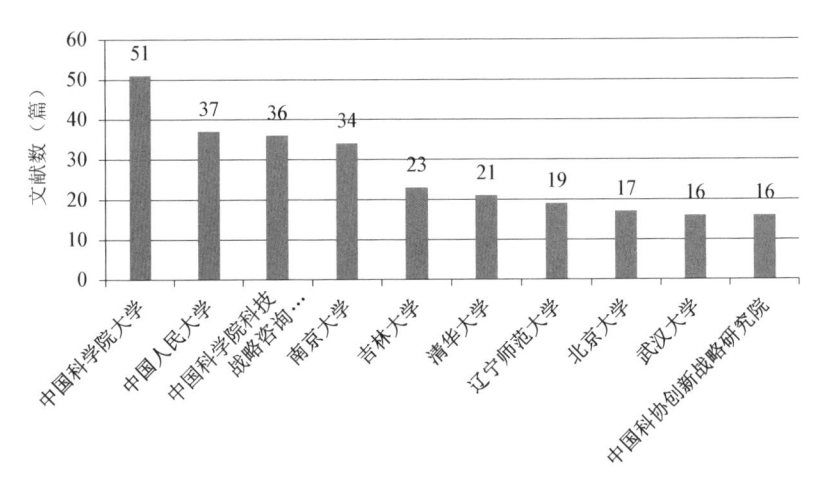

图 2-4　智库论文作者所在单位分布图

如图 2-5 所示,从项目的来源看,300 余篇论文是国家社会科学基金、国家自然科学基金、各地哲学社会科学规划项目、教育部人文社会科学研究项目、全国教育科学规划课题等项目的相关成果。可以看出,国家和地方各类重大项目中越来越多设立智库相关的题目。

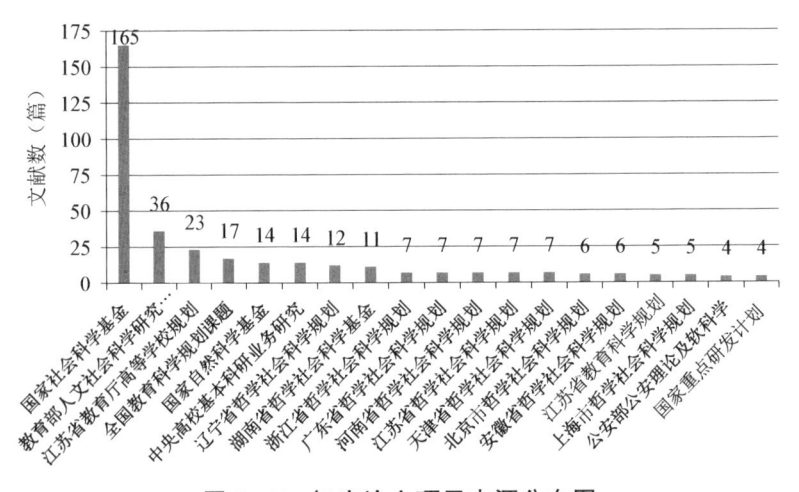

图 2-5　智库论文项目来源分布图

三、2021—2023 年热点研究议题梳理

2021年3月,十三届全国人大四次会议表决通过了《关于国民经济和社会发展第十四个五年规划和2035年远景目标纲要》的决议,提出了中国今后5年发展的总体目标,并对经济、文化、生态、国防、外交等方方面面进行了战略部署。2022年党的二十大报告在"十四五"规划纲要的基础上,围绕基本实现社会主义现代化,进一步明确了到2035年我国发展的目标任务,提出了新的更高要求。智库作为支撑国家发展的思想库和智囊团,亟须对中央提出的新思想、各类文件和报告中部署的重大战略、国家治理中的关键问题、对外开放的重大举措进行深入研究与探索。通过对近三年重要智库动态的梳理,可以看出各领域各行业智库围绕能源转型与双碳、乡村振兴与共同富裕、全球化与国家合作、科技创新与数字化等国家发展中的重大议题开展研究、举办活动,形成了很多高质量成果,为党和国家决策提供了积极支撑。

（一）新 思 想

1. 习近平新时代中国特色社会主义思想

习近平新时代中国特色社会主义思想涵盖改革发展、内政外交国防、治党治国治军等方方面面，党的二十大报告提出的"十个明确""十四个坚持""十三个方面成就"概括了这一思想的主要内容。深入推进中国特色新型智库建设，要以习近平新时代中国特色社会主义思想为指导，深入学习，融会贯通。近三年来，多家智库召开研讨会及论坛，深入学习习近平总书记关于党的历史、哲学社会科学发展、国防建设和经济思想等方面的论述，以更好指导智库建设与研究。

2021年4月，中央党校（国家行政学院）中共党史教研部举办第一届"中共党史高端论坛"，主题为"学习习近平总书记关于党的历史重要论述"。7月，天津市委宣传部、天津市中国特色社会主义理论体系研究中心、天津社科院联合举办"新时代中国特色社会主义思想高端论坛（2021）"。

2022年2月，中国人民大学重阳金融研究院联合中国人民大学习近平新时代中国特色社会主义思想研究院主办"全球治理论坛（2022年春季）"。5月，辽宁省社科联、中国经济时报社联合举办"习近平总书记在哲学社会科学工作座谈会上重要讲话发表五周年座谈会"。7月，上海社会科学院、上海国际问题研究院、上海市社会科学界联合会、中共上海市委党校共同举办"时代之变　世界之问——习近平新时代中国特色社会主义思想理论与实践研讨会"。8月，军事科学院举办第五届"强军论坛"，主题为"学习贯彻习近平强军思想，加快国防和军队现代化"。

2023年3月,新华社国家高端智库发布智库报告《迈向现代化强国的发展密码——习近平经济思想的时代特质和实践价值》。5月,中国社科院习近平新时代中国特色社会主义思想研究中心与河北省委宣传部举办全国社会科学院系统"习近平新时代中国特色社会主义思想论坛",主题为"党的二十大与习近平新时代中国特色社会主义思想的新发展"。

2. 党的建设

《关于加强中国特色新型智库建设的意见》(中办发〔2014〕65号)中,中国特色新型智库建设的基本原则第一条就是"坚持党的领导,把握正确导向"。中国特色新型智库建设从一开始就是在党的领导下进行的,智库的党建工作是智库各项工作的前提、基础和保证。

2021年5月,中央党校(国家行政学院)科研部、党的建设教研部举办第一届"党建高端论坛",主题为"百年大党建设的历史经验"。10月,教育部、上海市在上海成立"高校中国共产党伟大建党精神研究中心"。12月,毛泽东哲学思想研究会、教育部人文社科重点研究基地湘潭大学毛泽东思想研究中心、湖南韶山管理局毛泽东同志纪念馆、中国深圳·民族精神与中国发展研究中心联合举办第十四届全国"毛泽东论坛",会议主题为"毛泽东与伟大建党精神"。

2022年10月,中央党校(国家行政学院)党的建设教研部与北京市委党校(北京行政学院)联合举办第二届全国党建高端论坛,主题为"党的自我革命理论与实践"。

2023年3月,中央党校(国家行政学院)召开建校90周年庆祝大会暨2023年春季学期开学典礼,习近平出席会议并发表重要讲话,明确提出新时代党校工作的使命任务和具体要求。

3. 智库建设

近年来,面对新形势、新任务、新要求,中国智库逐渐从机构、人员、成果的数量发展阶段,步入追求质量、效益的高质量发展新阶段。各部委、各行业加快智库建设步伐,出台各类管理办法引领和引导各类行业产业推进专业型智库建设。如2023年国务院国资委印发《关于中央企业新型智库建设的意见》等。智库界越来越关注智库的理论建构、内部治理及各类专业智库的高质量发展路径等议题。

2021—2023年,中国科学院科技战略咨询研究院、中国发展战略学研究会等连续主办年度"智库理论方法研讨会"和"智库科学与工程研讨会"。会上还发布了《智库双螺旋法理论》《智库双螺旋法应用》(一、二、三)等智库理论研究成果。

2021—2023年,中国科学院文献情报中心举办第七、八、九届"新型智库建设学术研讨会",分别以"'双一流'建设与高校智库发展""中国特色新型智库高质量发展路径""中国智库建设的时代责任与使命担当"为研讨主题。

2021—2023年,中国社会科学评价研究院连续三年主办"中国智库建设与评价高峰论坛"。与会专家围绕"智库功能""智库内部治理""汇聚智库力量,共促全球发展""践行三大倡议:智库使命与行动"等主题做交流。会上还发布了《中国智库AMI综合评价研究报告》。

2021年7月,上海社会科学院智库研究中心发布《中国智库报告(2020—2021)》。2022年11月,国务院国资委研究中心指导、中央企业智库联盟主办的"中国企业智库建设平行论坛"在第五届中国企业论坛上召开,共议中国企业智库发展之路。论坛发布了《新时代中国企业新型智库建设倡议书》。

2023年5月,上海社会科学院与中国浦东干部学院、经济日报社联合主办"中国特色新型智库建设高层论坛(2023)",会议主题为"牢记初心、为党献策"。

(二)新战略

1. 能源转型与双碳

2020年9月,第75届联合国大会一般性辩论上,习近平总书记提出"3060"双碳目标。近三年来国务院印发《关于完整准确全面贯彻新发展理念做好碳达峰碳中和工作的意见》和《2030年前碳达峰行动方案》,全面部署推动"双碳"工作。国家发展改革委印发《国家碳达峰试点建设方案》,确定首批35个城市和园区碳达峰试点。党的二十大报告提出要"加快发展方式绿色转型,积极稳妥推进碳达峰碳中和"。为响应国家"双碳"战略,各类能源智库围绕新能源、能源转型、能源安全、绿色低碳等议题召开研讨会及发布报告。

2021—2023年,北京市人民政府、国务院发展研究中心、生态环境部等连续三年共同主办"全球能源转型高层论坛",论坛主题分别为"创新引领能源低碳转型　助力碳达峰碳中和""数字赋能　绿色未来""能源安全　绿色转型"。

2021年4月12日,中国科学院科技战略咨询研究院、施普林格·自然联合组织发布《新能源技术研究的机遇与挑战》报告。2022年9月15日,中国石油集团国家高端智库(经济技术研究院)与肯尼亚非洲政策研究所共同举行"2022中非智库能源论坛",论坛主题为"气候变化与能源转型"。11月12日,中国人民大学和香港理工大学联合主办,国网能源研究院、水电水利规划设计总院、中国石化经济技术研究院、中国石油经济技术研究院、中国人民大学丝路学院和中国人民大学国际关系学院协办召开"APEC能源智库论坛2022"。2013年5月24日,中国国际经济交流中心与澳大利亚国立大学举行中澳圆桌交流会,与会专家学者围绕"气候变化与能源转型""RCEP与区域合作倡议"议题进行交流研讨。9月27—28日,中国社会科学院数量经济与技术经济研究所、中国石油集团经济技术研究院和中国石油大学(北京)共同主办第11届全球能源安全智库论坛,论坛主题为"新形势下的能源安全与清洁转型"。

2. 乡村振兴与共同富裕

从党的十九大报告提出"实施乡村振兴战略",到党的二十大报告强调要全面推进乡村振兴,从"实施"到"全面推进"的变化,对各地持续推动乡村振兴提出了更高要求。为此,各省智库围绕乡村振兴与生态文明、现代化、非遗传播、数字经济等多个领域开展研究研讨。

2021年7月,中国社会科学院、贵州省人民政府主办2021年生态文明贵阳国际论坛"乡村振兴与生态文明"主题论坛。8月,广东省农业农村厅(省乡村振兴局)与南方报业传媒集团联合发起成立广东乡村振兴智库。12月,广东省社会科学界联合会、广东省社会科学院、广东省农业农村厅、华南理工大学公共政策研究院、中国(海南)改革发展研究院、中国(深圳)综合开发研究院、南方报业传媒集团、华南农业大学等联合举办"第十届中国南方智库论坛",主题为"乡村振兴与农业农村现代化"。

2022年3月,财政部、国务院发展研究中心与世界银行共同发布

《中国减贫四十年：驱动力量、借鉴意义和未来政策方向》报告。4月，中国社会科学院农村发展研究所、国际合作局与美国腹地中国协会主办"中美农业圆桌论坛：智库对话会"，主题为"乡村振兴与气候变化"。6月，紫金文创研究院、南京师范大学主办"紫金非遗传播论坛"，主题为"非遗传播与乡村振兴"。12月，四川欧美同学会、重庆欧美同学会共同主办"第二届川渝数字经济创新发展论坛"，主题为"数字经济赋能乡村振兴"。

2023年4月，中央党校（国家行政学院）高端智库、中央党校（国家行政学院）经济学教研部、中国市场经济研究会主办中央党校（国家行政学院）国家高端智库乡村振兴论坛（2023），主题为"新征程·新理念·新乡村——中国式现代化进程中的乡村振兴"。6月，浙江省社会科学界联合会、浙江省乡村振兴研究智库联盟联合主办高质量发展智库论坛·"千万工程"20周年研讨会。6月，云南省委党校（云南行政学院）、云南出版集团联合举办"乡村振兴系列丛书"云南首发式暨"云南全面推进乡村振兴"论坛。

3. 科技创新与数字化

当前，世界新一轮科技革命和产业变革加速演进，颠覆性创新不断涌现，科技创新正在深刻改变世界发展格局。党的二十大报告提出"加快实现高水平科技自立自强，加快建设科技强国"，并对完善科技创新体系、加快实施创新驱动发展战略等做出专门部署。中国科学院、中国工程院、中国财政科学研究院、中国国际经济交流中心、中国电子信息产业发展研究院、中国网络空间研究院等国家高端智库试点单位和培育单位纷纷围绕科技创新战略，召开高端智库论坛，关注数字化、人工智能等议题，共同为中国科技创新建言献策。

2021年和2023年,北京市科学技术研究院、中国科学技术发展战略研究院、中国科学院科技战略咨询研究院等连续举办"全球科技创新高端智库论坛",主题分别为"开放科学的理念与实践:全球高端智库之声""未来产业和创新生态:全球智库之声"。

2021—2023年,国家发展和改革委员会、工业和信息化部、科学技术部、国家互联网信息办公室、中国科学院、中国工程院、中国科学技术协会和上海市人民政府连续3年共同举办"世界人工智能大会",会议主题分别为"智联世界　众智成城""智联世界　元生无界""智联世界　生成未来"。

2021年4月,国家网信办、国家发展改革委、工信部、国务院国资委和福建省政府共同举办第四届"数字中国建设峰会",主题为"激发数据要素新动能,开启数字中国新征程",在峰会上国家互联网信息办公室发布《数字中国发展报告(2020年)》。5月,上海市科学学研究所主办"浦江创新论坛——2021科技创新智库国际研讨会",主题为"迈向科技创新的'理想之城'"。9月,浙江省委宣传部、省社会科学界联合会、浙江日报报业集团、省发展规划研究院联合举办"第三届浙江省高质量发展智库论坛",主题为"聚焦数字化改革　聚力现代化先行"。同月,中国网络空间研究院主办"2021年世界互联网大会·互联网国际高端智库论坛",主题为"数字时代的全球格局与秩序"。11月,中国科学技术协会、中国科学院和中国工程院联合主办"第二届世界数字经济论坛",主题为"数字化转型与可持续发展"。同月,广东省人民政府与中共中央党校(国家行政学院)共同举办"2021(第16届)中国电子政务论坛暨首届数字政府建设峰会",主题为"建设数字政府　加快数字化发展"。会上中共中央党校(国家行政学院)发布《数字政府蓝皮书:中国数字政府建设报告(2021)》。12月,江苏省人民政府、工业和信息化部、中国工程院、中国科学技术协会共同举办"2021世界智能制造大会",主题为"数字化转型,智能化引领"。

2022年1月,中国财政科学研究院发布《促进包容的数字生活指数报告》。3月,中国国际经济交流中心发布《数字平台助力中小企业参与全球供应链竞争》报告。6月,中国科协与湖南省人民政府主办"2022中国科技智库论坛",主题为"科技自立自强战略目标下我国整体科技创新能力提升——使命与责任"。11月,世界互联网大会主办、浙江省人民政府承办"2022年世界互联网大会乌镇峰会",主题为"共建网络世界 共创数字未来——携手构建网络空间命运共同体"。同月,赛迪研究院发布《2022中国科技创新竞争力研究》。

2023年3月,IP SHANGHAI上海城市形象资源共享平台与上海交通大学中国城市治理研究院联合发布中英文版《全球城市形象数字传播研究报告》。8月,全国地方科技智库联盟主办,贵州科学院、贵州省科学技术协会、重庆科技发展战略研究院(联盟秘书处)承办第六届全国科技智库论坛,主题为"自立自强智创未来"。

4."十四五"与新发展格局

2021年3月发布的《国民经济和社会发展第十四个五年规划和2035年远景目标纲要》和2022年党的二十大报告中均提到了"加快构建以国内大循环为主体、国内国际双循环相互促进的新发展格局"。加快构建新发展格局,是推动国家高质量发展的战略基点。构建新发展格局,意义重大、内涵深刻,需要加强研究,找准"切口"和突破口。各类智库围绕"双循环"新格局下的合作与开放、产业发展、长三角协同发展、现代化建设、两岸关系等开展研究与讨论。

2021年5月,北京大学国家发展研究院与每日经济新闻报社联合举办"2021国际门户枢纽城市发展论坛暨北京大学国家发展研究院（成都）论坛"，主题为"大国双循环·大城新格局·开放新势力"。6月，上海市政协港澳台侨委员会、上海社会科学院、香港再出发大联盟和香港明天更好基金共同举办"2021沪港合作与发展研讨会"，主题为"'十四五'上海发展与沪港合作"。7月，中国（深圳）综合开发研究院和深圳市综研软科学发展基金会发起举办"中国智库论坛暨2021综合开发研究院北京年会"，主题为"'双循环'发展战略与国家产业链安全"。11月，复旦大学长三角一体化发展研究院、复旦发展研究院和长三角高校智库联盟共同举办"2021长三角高校智库峰会"，主题为"'双循环'新发展格局下长三角城市群协同发展"。12月，中共中央党校（国家行政学院）国家高端智库、中央党校（国家行政学院）经济学教研部联合云南省商务厅、临沧市委市政府共同举办"第二届新时代沿边开放论坛（2021）"，主题为"新格局·新通道·新机遇——双循环视域下的沿边开放"。

2023年5月，中国科学学与科技政策研究会主办第15届中国青年创新论坛，主题为"新发展格局下创新发展与现代化建设"。6月，中国社科院台研所、全国台湾研究会、厦门大学台湾研究院、台湾二十一世纪基金会、台湾"中国文化大学社会科学院"共同举办第九届两岸智库学术论坛，主题为"新发展格局下的两岸关系"。

5. 区域协调发展

党的二十大报告强调，"深入实施区域协调发展战略、区域重大战略、主体功能区战略、新型城镇化战略，优化重大生产力布局，构建优势互补、高质量发展的区域经济布局和国土空间体系"。加强区域合作是促进区域协调发展、推动区域重大战略高质量发展的必要举措。为响

三、2021—2023 年热点研究议题梳理

应这一战略,各类智库围绕京津冀协同发展、粤港澳大湾区建设、长三角一体化发展等若干区域发展战略开展合作与交流,如成立联盟、共同开展研究并发布报告、召开论坛及研讨会等。

2021 年 3 月,安徽省经济研究院、江苏省战略与发展研究中心、清华大学区域发展研究院、上海社会科学院长三角与长江经济带研究中心、上海市发展改革研究院、浙江清华长三角研究院、浙江省发展规划研究院、中科院南京地理与湖泊研究所区域发展与规划研究中心等 8 家智库机构联合发起成立"长三角高端智库联盟"。6 月,南方财经全媒体集团和上海社会科学院举办"2021 长三角一体化高质量发展论坛",主题为"构建新发展格局与长三角一体化发展"。2022 年和 2023 年,上海市科学学研究所、江苏省科技情报研究所、浙江省科技信息研究院、安徽省科技情报研究所等三省一市 4 家科技智库共同发布《长三角区域协同创新指数》(2021、2022)。2023 年 9 月,上海市科协、江苏省科协、浙江省科协、安徽省科协共同举办"首届长三角科技智库大会",主题为"共商长江大保护、共创区域一体化"。10 月,沪苏浙皖四地社科院联合举办"长三角一体化发展上升为国家战略五周年研讨会暨 2023 长三角一体化高质量发展论坛"。

2021—2022 年,浙江大学联合中国区域科学协会、国务院发展研究中心发展战略和区域经济研究部等机构,共同发起并连续召开年度"国家区域协调发展战略论坛"。会议主题分别为"区域协调发展与推进共同富裕""区域协调发展与中国式现代化"。会上发布"中国区域发展评价指数体系"等研究成果。2021 年 12 月,南开大学京津冀协同发展研究院(经济与社会发展研究院)联合北京大学首都发展研究院、武汉大学中国中部发展研究院、山东大学黄河国家战略研究院、上海财经大学长三角与长江经济带发展研究院、暨南大学经纬粤港澳大湾区经

济发展研究院等共同成立"国家区域重大战略高校智库联盟"。联盟每年召开"年会暨深入实施区域重大战略与推进中国式现代化高端论坛"。

2021年2月,中山大学粤港澳发展研究院发布《粤港澳大湾区发展研究报告(2019—2020)》蓝皮书。7月,首都经济贸易大学、中国社会科学院、南开大学、河北经贸大学、天津行政学院等单位的专家学者合作的《京津冀蓝皮书:京津冀发展报告(2021)》对外发布。2022年7月,中国(深圳)综合开发研究院发布《数"链"大湾区——区块链助力粤港澳大湾区一体化发展报告(2022)》。2023年4月,广东省社会科学院、社会科学文献出版社在广州联合发布《粤港澳大湾区蓝皮书:粤港澳大湾区建设报告(2022)》,并举行"2023粤港澳大湾区建设"专家研讨会。6月,广东省粤港澳大湾区智库联合会与香港特别行政区粤港澳大湾区智库联盟签署战略合作协议。

6. 海洋与流域发展

党的十八大以来,党中央高度重视海洋事业发展和流域保护治理,做出一系列关于加快建设海洋强国、长江黄河流域综合治理和可持续发展的战略部署。党的二十大报告再次强调"发展海洋经济,保护海洋生态环境,加快建设海洋强国""推动黄河流域生态保护和高质量发展",并作为推动中国式现代化的重大战略任务。近三年来,中国智库在习近平总书记关于海洋强国建设的一系列重要论述和生态文明思想的指引下,凝聚力量、集思广益,聚焦海洋经济、海洋科技创新、海洋治理、极地和生态保护、流域综合治理、生态保护、流域发展等议题,深入实地调研、开展项目研究、组织会议论坛,为国家决策提供创新思想和切实有效的意见建议。

三、2021—2023年热点研究议题梳理

2021—2023年,中国南海研究院、中国—东南亚南海研究中心、中国海洋发展基金会和海南华阳海洋合作与治理研究中心等机构连续三年联合主办"海洋合作与治理论坛"。论坛每年围绕"全球海洋治理的机遇与挑战""全球安全倡议视角下的南海治理与互信构建""气候变化与海洋合作""极地治理与实践""国际海洋法前沿问题""蓝色经济和海洋可持续发展"等议题广邀专家学者深入探讨交流。

2021—2023年,中央党校(国家行政学院)科研部牵头,联合黄河流域九省(区)党校(行政学院),连续三年研创出版《黄河流域发展蓝皮书》,聚焦黄河流域生态保护和高质量发展重大国家战略,主题分别是"生态保护""黄河流域碳达峰""建设现代化产业体系"。

2021—2023年,民进中央、水利部黄河水利委员会联合举办三届"黄河保护与发展论坛",论坛主题分别为"黄河流域生态保护和高质量发展""全面贯彻实施黄河保护法,加快推动黄河流域发展绿色转型"等。

2022年9月,国务院发展研究中心资源与环境政策研究所、水利部发展研究中心、黄河勘测规划设计研究院共同发布《流域发展指数研究报告(黄河1990—2020)》。

(三)新治理

1. 中国式现代化与国家治理

党的二十大报告概括提出并深入阐述中国式现代化理论,为推进作为中国式现代化组成部分的国家治理现代化提供了启示。智库作为国家治理体系中的重要力量,纷纷在中国式现代化整体框架下研讨交

流国家治理现代化的理论内涵、历史脉络与发展方向。

2021—2023年,中共中央党校(国家行政学院)、中共中央党史和文献研究院、北京大学等机构连续三年联合举办"发展中国家国家治理高端智库论坛",论坛分别聚焦"政党的地位和作用:发展中国家的治理之道""发展中国家的现代化道路:理念与实践""发展中国家的现代化之路"等主题,推动发展中国家在国家治理领域的交流合作。

2021年和2023年,中央党校(国家行政学院)公共管理教研部分别与浙江省委党校(浙江行政学院)、中共福建省委党校(福建行政学院)联合主办第二和第三届"国家治理现代化论坛",论坛分别以"国家治理现代化:奋斗百年路 奋进新征程""初心引领下的县域治理现代化"为主题。

2021年12月,中国社会科学院社会政法学部、国家治理研究智库举办"第五届国家治理研究智库高端论坛(2021)",主题为"中国特色社会主义现代化新征程中国家治理和共同富裕"。2022年11月,中国科学院大学公共政策与管理学院、中国科学院科技战略咨询研究院和中国科学学与科技政策研究会共同举办"第五届公共治理与创新发展高峰论坛暨2022年全国公共管理学术年会",论坛聚焦"面向中国式现代化的公共管理创新"。2023年4月,清华大学国情研究院与清华大学出版社联合举办《伟大复兴:中国式现代化的国情研究》新书发布会暨"中国式治理现代化"专题研讨会。

2. 教育与文化传承

党的二十大报告提出"传承中华优秀传统文化"。中华优秀传统文化是中华民族的精神命脉,是我们最深厚的文化软实力。而教育是传承文化的重要途径。近几年,各高校和教育智库围绕教育高质量发展和文化传承召开各类研讨会,深入探讨如何建设教育强国,挖掘、传承优秀文化。

2021—2022年,长江教育研究院、华中师范大学国家教育治理研究院连续两年共同主办"教育智库与教育治理50人圆桌论坛",分别以"迈向第二个百年新征程:教育智库与教育高质量发展""加快中国式教育现代化进程,建设教育强国"为主题。

2021—2023年,北京语言大学国际中文教育研究院、浙江师范大学国际中文教育研究院、国际中文教育发展智库联合体等机构连续三年共同主办第二、三、四届"国际中文教育智库论坛",与会专家围绕国际中文教育热点议题展开热烈讨论。

2022年3月,中国人权研究会、中国西藏文化保护与发展协会、中国藏学研究中心共同主办的"联合国人权理事会第四十九届会议云上边会"在北京举行,会议主题为"西藏文化传承、人权保障和社会发展"。6月,中国历史研究院、中国社会科学院历史学部、中国文化传媒集团联合举办"厚植文化传承发展之根:提炼展示中华文明的精神标识和文化精髓"学术研讨会。2021—2023年,上海社会科学院与民盟中央、民盟市委连续共同主办三届"民盟文化论坛",论坛主题分别聚焦"文化育人:榜样与传承""踵事增华——守正与创新""固本浚源:文化传承与发展"。

2023年10月21日,"教育学科助力教育强国建设研讨会暨教育强国建设智库联盟成立大会"召开。浙江大学、清华大学、北京大学、南京大学、华中科技大学、中国人民大学、同济大学、厦门大学、东北师范大学、南京师范大学10所"双一流"大学的教育智库发起成立"教育强国建设智库联盟"。会议通过《教育强国建设智库联盟章程(草案)》。

3. 重大公共危机应对

党的二十大报告指出"推进健康中国建设""把保障人民健康放在优先发展的战略位置,完善人民健康促进政策"。近年来新冠疫情全球大流行和气候变化带来了相互叠加的危机,我国重大公共危机事件日益增多,特别是新冠疫情的爆发,对我国公共卫生治理提出了许多挑战。多家智库机构围绕卫生健康发展、医科发展、疫苗研发、心理健康、气候变化等议题开展深入研究并发布相关研究成果,为我国有效应对各类突发危机提供研究支撑。

2021年和2023年,中国科学院心理研究所陆续发布《中国国民心理健康发展报告》(2020、2021—2022)。

2021年1月,重大突发公共卫生事件社会风险治理研究中心在南京医科大学揭牌成立。4月,四川大学华西临床医学院/华西医院成立"中国人民生命安全研究院"。9月,科学技术部、中国科学院、北京市政府主办2021中关村论坛平行论坛之"第二届全球科学与生命健康论坛",主题为"新冠疫苗研发"。10月,中国田径协会运动健康专家智库成立。同月,"广西医学科学院发展高峰论坛"召开,论坛主题为"汇聚高端智库,共商医科发展"。11月,中国社会科学院与美国印第安纳大学共同举办"中美应对气候变化战略"线上学术交流会。

2023年1月,南京医科大学举办"江苏省健康研究院"揭牌仪式并召开"健康发展高峰论坛",主题为"江苏省健康高质量发展"。4月,由中国国际经济交流中心和威海市政府联合指导,中国卫生健康发展评价报告课题组和威海市发展改革委共同发布《中国卫生健康发展评价报告(2022)》蓝皮书。

4. 城市可持续发展

当前全球处于百年未有之大变局,党中央明确提出打造宜居、韧性、智慧城市,"以城市群、都市圈为依托构建大中小城市协调发展格局""提高城市规划、建设、治理水平,加快转变超大特大城市发展方式",为城市功能提升和城市高质量发展指明了方向。智库围绕新发展格局下我国城市化发展战略面临的城市能级提升、跨区域城市发展协调、特大城市治理模式创新、城市数字化转型、韧性城市建设等新课题建言献策。

2021年12月,由成都市发展和改革委员会和成都市经济发展研究院(成都市经济信息中心)共同编撰的《成都推动成渝地区双城经济圈建设发展综合报告(2020—2021)》发布。这是第一本对成都推动成渝地区双城经济圈建设发展情况进行系统评估的综合报告。

2021—2023年,中国社会科学院、中国科学院、中国工程院连续数年联合主办"中国城市百人论坛"年会及季节性论坛,共同探讨"中国式现代化:城市的宜居、韧性与智慧""中国式现代化:市域社会治理与战略规划""新型城镇化的战略优化:智慧、生态与人文"等议题。

2021—2023年,中国社会科学院生态文明研究所与社会科学文献出版社连续共同发布年度《城市蓝皮书:中国城市发展报告》,聚焦"大国治水之城乡生态文明建设""大国治城之城市群高质量发展"等年度议题。

2023年4月,"第三届公园城市论坛"和"第六届国际城市可持续发展高层论坛"举行,分别以"践行新发展理念的城市实践"和"绿色低碳引领城市转型发展"为主题。论坛发布《公园城市示范区建设发展报告(2022年)》《未来城市顾问展望》《低碳城市发展模式案例研究》《公园城市指数2022》等报告。

2023年10月,上海市人民政府发展研究中心、上海市住房和城乡建设管理委员会、上海交通大学、联合国人居署、世界银行、上海市闵行区人民政府共同主办的"2023全球城市论坛"举行,论坛作为"2023年世界城市日中国主场活动"主题活动之一,以"未来城市·多元聚资"为主题,共商未来城市可持续发展和高质量发展之道。

(四)新开放

1. 全球化与国际合作

党的二十大报告指出"中国始终坚持维护世界和平、促进共同发展的外交政策宗旨,致力于推动构建人类命运共同体"。当下,全球化发展进入新的格局,中国在开展国际合作时一直坚持和平发展、合作共赢的理念。中国智库作为推动国际合作的重要力量,近三年来就新时代推进中美、中欧、中俄、中东合作共赢与国际智库开展紧密的研讨与交流,为推动构建人类命运共同体、构建新型国际关系发挥智库力量。

2021年1月,中国国际问题研究院与美国外交政策全国委员会(NCAFP)联合举办中美关系视频对话会。5月,中国人民大学国家发展与战略研究院主办"2021中美公共外交论坛",主题为"加强多元交流,推动合作共赢"。8月,中国社会科学院国际合作局、中国社会科学院西亚非洲研究所、中国社会科学院国家高端智库、阿联酋沙迦大学、沙特费萨尔国王伊斯兰研究中心共同主办"第二届中国与中东合作论坛",主题为"深化友谊与创新发展"。

2022年6月,中国社会科学院和俄罗斯国际事务委员会联合主办"中俄智库高端论坛",主题为"中国与俄罗斯:新时代合作"。12月,全球化智库(CCG)举办"第七届中国全球智库创新年会",年会围绕"后疫情时代的中美竞争与合作、重启后疫情时代的人文交流、亚太地区发展与合作、中国式现代化与对外开放合作、国际变局中的中欧智库交流"等主题进行研讨。

2023年7月,中国社会科学院主办"中国与世界:携手构建人类命运共同体"国际研讨会。8月,新华社与国家能源集团联合南非有关机构共同举办第六届金砖国家媒体高端论坛,主题为"金砖国家与非洲:加强媒体对话,共享公正未来"。10月,复旦大学和崔钟贤学术院主办,复旦发展研究院承办上海论坛2023,主题为"包容性全球化:亚洲的新责任"。11月,国务院新闻办公室与上海市人民政府共同主办,文化和旅游部、中国社会科学院、北京大学、清华大学、复旦大学协办,上海市人民政府新闻办公室、上海社会科学院承办以"全球视野下的中华文明与中国道路"为主题的世界中国学大会·上海论坛。

2."一带一路"

共建"一带一路"倡议提出以来,得到国际社会的高度关注和有关国家的积极响应,成为深受欢迎的国际公共产品和国际合作平台。党的二十大报告提出"推动共建'一带一路'高质量发展"。2023年又正值共建"一带一路"倡议提出10周年。多家智库围绕推动"一带一路"高质量发展召开论坛及研讨会。

2021年4月,"博鳌亚洲论坛2021年年会"举行,主题为"世界大变局:共襄全球治理盛举 合奏'一带一路'强音"。9月,浙江师范大学非洲研究院牵头成立"一带一路"研究智库联盟,首批成员单位由省内15个高校的国别区域研究机构共同组成。9月,"一带一路"国际智库合作委员会主办、新华社国际高端智库舆情研究中心承办"推动'一带一路'高质量发展国际智库研讨会"。同月,西北大学"一带一路"高校智库研究项目组、陕西高校"一带一路"智库联盟、"一带一路"大学智库联盟、西北大学哈萨克斯坦研究中心、西北大学中亚研究院、西北大学丝绸之路研究院联合发布《中国高校"一带一路"智库影响力报告》。12月,新华社研究院和韩国"一带一路"研究院共同举办第二届"中韩智库媒体对话"。

2022年9月,商务部国际贸易经济合作研究院发布《中国"一带一路"贸易投资发展报告2022》。

2023年5月,浙江大学区域协调发展研究中心、"一带一路"智库合作联盟秘书处等单位联合举办"推动共建'一带一路'高质量发展——十年回顾与展望"研讨会。6月,中国公共外交协会、中国驻波兰大使馆共同举办"'一带一路'为中波关系注入新动力"智库媒体对话会。8月,中国社会科学院、云南省人民政府及"一带一路"智库合作联盟共同举办的第九届"中国—南亚东南亚智库论坛"在云南昆明举行,论坛主题为"高质量共建'一带一路',携手同行现代化之路——在新的历史起点上推进中国与南亚东南亚命运共同体建设"。9月,国务院参事室、广西壮族自治区人民政府举办第15届中国—东盟智库战略对话论坛,主题为"智慧共筑,命运与共——携手迈向'一带一路'新征程"。10月,中宣部主办,新华社、中国国际经济交流中心、中国公共外交协会承办第三届"一带一路"国际合作高峰论坛智库交流专题论坛,主题为"共同的机遇,共享的未来"。

3. 高水平对外开放与自由贸易

党的二十大报告指出"推进高水平对外开放"。近年来,中国不断推进更加积极主动的开放战略,构建面向全球的高标准自由贸易区网络，加快推进自由贸易试验区、海南自由贸易港建设，共建"一带一路"国际合作平台。

2020年11月，包括中国在内的15个亚太国家正式签署《区域全面经济伙伴关系协定》（RCEP），随着2023年6月2日对菲律宾正式生效，标志着RCEP对15个签署国全面生效，有利于中国在更高起点上推动实现更高水平制度型开放。中国智库积极参与和服务于中国高水平对外开放，站在全球视野开展前瞻性和战略性研究，产出了大量高质量的决策咨询报告和研究成果，组织成立相关智库联盟，召开系列重大议题研讨会议，主动服务政府公共外交，做好国际传播，为中国的高水平对外开放出谋划策、铺好桥梁。

2021—2022年，海南省委宣传部、中国日报社、中国（海南）改革发展研究院、中国特色自由贸易港研究院多次共同主办"RCEP区域发展媒体智库论坛"和"RCEP区域发展媒体智库圆桌论坛"，论坛聚焦"RCEP与亚洲经济发展""RCEP生效：展望区域合作与发展新前景"等重大议题。

2021年1月，博鳌亚洲论坛研究院携手中国商务部国际贸易经济合作研究院、新加坡国立大学东亚研究所、印度尼西亚战略与国际研究中心共同发布《自由贸易协定：亚洲的选择》报告。7月，商务部国际贸易经济合作研究院和中国商务出版社共同发布新书《RCEP：协定解读与政策对接》和《2020中国自由贸易区发展报告：RCEP与中国自由贸易区提升战略前瞻》。12月，国务院发展研究中心金融研究所和广东省地方金融监督管理局共同主办"第四届粤港澳大湾区金融发展论坛"，主题为"大湾区国际金融枢纽建设与金融制度型开放"。

2022年4月，印尼战略与国际问题研究中心、中国（海南）改革发展研究院等9个亚洲国家的17个智库和相关学者发起成立海南自由贸易港—东盟智库联盟。

四、中国智库发展中存在的短板与不足

面对新形势、新任务、新要求,不同水平与层次的智库在发展中都面临着各自的挑战。许多智库在"出智"上有瓶颈,在"接链"上有堵点,在"致用"上有盲点。一些智库报告或是隔靴搔痒不"解渴",或是被束之高阁不"管用",智库成果一定程度上存在无法精准服务决策的问题。

(一)智库服务决策还不够精准

近年来,智库数量不断上升,但研究质量还不够高,核心的决策咨询研究能力仍然满足不了越来越复杂的决策需求,"库多智少"的矛盾依然突出,智库服务决策很多是慢半拍,研究跟不上实践,对策跟不上文件。对政策阐释性的宣传较多,开展战略性、前瞻性、引领性的研究较少。

究其原因,一是过于依赖理论分析和文献资料,缺乏实地调研和实证研究,导致咨政建言缺乏实践基础和说服力。二是决策咨询渠道不畅,无法及时了解党政机关决策咨询需求。决策部门与智库之间没有形成一个有效的"思想市场",供需匹配的成本高。决策部门与智库之间成熟的、直接的、开放的、公平竞争的对接机制不多,双方信息不对称程度仍然较高,有决策需求而找不到合适的智库供给、有研究供给而不知道决策需求的情况还比较多。三是智库分析方法和工具有局限性,缺乏对新兴技术和方法的掌握与应用,导致分析结果的准确性和前瞻性不足。

(二) 智库人才培养还有待强化

产出高质量智库成果的核心要素是人才。智库人才不够用,特别是学养扎实、研究经验丰富的研究领军人才(将才),以及有战略思维、管理水平高、品德得到广泛认可的管理领军人才(帅才),更是难求。同时,智库之间、智库与高校、机关、企业之间人才竞争激烈,导致同一领域智库发展出现同质化现象。比如同领域的多个智库或者多个类似课题,学术委员会和专家组成员都是同一批知名专家,观点大同小异。

一些智库忽视培养本机构的青年人才。对整个智库行业而言,只有培养人才、从总体上增加人才数量才是根本之道。而智库人才的素质要求有其特性,智库人才培养模式与高校培养学术型学科型人才,与机关培养公务员,与企业培养经营管理型人才等的模式都不尽相同。比较来看,智库人才培养模式相对不成熟。虽然通过中国式"旋转门"提升了智库人才素质,但机制化体系化程度明显不足,仍然没有像学术型人才培养一样成熟的智库人才培养模式。师徒制、导师制、系统化培训、科学激励、职业生涯规划等在高校、机关、企业中广泛应用的成熟模式尚未在智库行业推广应用。

（三）智库管理运营还有待优化

中国智库绝大多数从传统党政军机关研究部门、科研院所、高校、企业经济技术研究部门等转型而来,虽然中国智库正朝着符合中国国情和现代智库发展规律的方向进行体制机制改革,但距离形成现代化的智库内部治理模式还有很长的路。特别是在知识型机构运营、知识型人才管理、高效规范化经费使用等关键方面问题较多。

调研中智库普遍反映的经费使用、成果评价、青年培养、信息获取、课题申报、报送渠道等问题,其原因归根到底是:当前智库需要承担的新任务新使命与传统体制机制约束之间的矛盾。这个疙瘩不解开,各种错综复杂的老问题就陷入无解。体制内智库的发展和事业单位改革是一体的,但事业单位科研机构的改革在一些根本性问题上突破还不够,机关式的行政管理体制仍然是主导,而积极性、创造性、自主性的激发还不够。

（四）智库引导舆论还有待提升

当前,尽管我国智库已经摒弃了传统的封闭研究模式,逐渐加大宣传力度,但在塑造舆论引导的传播力、吸引力和影响力方面,仍需要进一步加强和提升,特别是对于一些重大决策、重要时刻、网络热点的发声还不够。

一方面,舆论引导的载体不够新颖。随着互联网技术的演进和发展,我国信息传播的工具与载体越来越多样化,当前大部分智库主要通过报送内参、出版书籍、举办论坛,在传统媒体上发表文章、发布报告、接受采访等渠道来提升影响力,这类渠道受众范围相对有限、信息传播速度较慢。微博、微信、新闻客户端以及短视频平台等新兴网络载体的利用还不足。

另一方面,舆论引导的话语模式有待拓展。在智库成果的宣传中,存在不同宣传渠道宣传模式同质化的问题,舆论引导的话语模式不够与时俱进,无法适应新的传播环境和受众需求,亟须积极探索利用新技术创新话语表达方式。

(五) 智库国际传播还有待拓展

建设具有国际影响力的智库是高质量发展的内在要求。近年来,我国智库利用媒体传播渠道和对外交流平台主动发声,积极参与到全球治理体系中。但总体看,对外交流渠道、平台和方式还不够广泛,实质性国际项目、有影响力的重大国际会议论坛、国外媒体发声等方面还有待拓展,在国际上有知名度的智库专家、品牌成果仍较少,在国际舞台上的影响力还不够。

再者,对外传播能力和对外话语体系建构不足。具体表现在部分智库成果全球视野和跨文化理解不足,导致智库观点在国际上缺乏共鸣和影响力。有待打造清晰、连贯和有力的对外话语体系,从而更加有效地向国际社会传达中国思想、中国话语。

五、中国智库发展的对策建议

近年来,世界经济格局、政治格局、地缘竞争格局等都处于快速调整和变化中,这为我国国家治理、社会发展与全球合作等带来了新的挑战与机遇。面临新形势、新任务、新要求,亟须中国特色新型智库围绕中央对于智库发展的新精神与新要求,坚持党的领导、深耕专业特色研究领域、引进培养多元化复合化人才、建立完善现代化管理制度、加强全方位多层次国际传播,不断探索新的发展路径,进而产出更多高质量高水平成果,更好发挥智库支撑作用。

(一)落实"党管智库"原则,发挥党的引领作用

党管智库的"管"不仅仅是管理、管控,最关键的是要全面增强智库建设工作的使命感、责任感、紧迫感,发挥好党对智库的"领导"或"引领"功能。一是坚持党的政治引领、思想引领,坚持以习近平新时代中国特色社会主义思想为指导,深入贯彻落实习近平总书记关于中国特色新型智库建设的重要讲话和指示批示精神,牢记党赋予智库的使命,

须臾不能忘记智库是思想利器、国之重器的身份,把学习习近平新时代中国特色社会主义思想、智库铸魂工程、当代知识分子心怀国之大者价值观教育工程作为长期的基础性任务来抓。二是发挥党在研究议题方向上的引领作用,通过政策激励、项目引导等方式,鼓励智库关注国家重大战略需求,如科技创新、经济发展、社会治理、国际关系等领域,提供有针对性的政策建议和解决方案。三是发挥党在干部人才培养引进方面的引领作用,将党建工作与研究工作结合起来,通过党建活动,增强智库人才的政治意识、大局意识,提升他们在舆论引导中的政治素养和理论水平。同时,利用党的统战工作优势,广泛联系和团结知识界人士,将优秀的专家学者吸引到智库中来,增强智库的人才储备。四是发挥党在纪律、学风和底线意识方面的监督作用,通过建立健全相关制度、加强教育和监督、强化底线意识,提高智库成员的纪律意识、学术水平和道德素质,为智库的健康发展提供有力的保障。

(二)深耕专业研究领域,提升对策的精准性

智库的特色、优势、特长,最终表现为智库的可辨识度,主要体现在战略定位和核心产品上。未来,我国智库需要进一步聚焦聚力,稳步推动决策研究质量的不断提升。一是不同类型智库要把握自身特色,开展有所侧重的研究,打造有显示度、有竞争力的产品体系。二是要加强前瞻性、针对性、储备性研究,关注全球范围内的政治、经济、社会、科技等发展趋势,针对当前国家和社会面临的重大议题开展深入研究与分析,明确问题导向,形成有针对性的决策咨询成果。三是面对当前日益综合化、复杂化的研究议题,在研究中引入不同学科和领域的专家,加

强跨学科的研究和讨论,提升成果质量。四是创新决策咨询服务方式,发挥大数据分析、决策模拟等在政策研制中的作用,使得研究成果能够更加精准地服务决策。

在高质量特色产品的基础上,智库还要加强与决策部门的信息共享与互动,从而提升决策咨询研究的有效性。智库要与政府部门建立交流沟通机制,长期跟踪研究我国经济社会发展中的重大现实问题;政府部门要与智库建立长期合作关系,培育和促进智库发展,使智库"能用、好用、管用"。

(三)打造高水平智库人才体系,提升核心竞争力

对于现代化智库,不断创新机制,激发智库人才活力是关键。有竞争力的智库,不仅需要学术素养扎实、在多岗位锻炼过、具有国际视野的骨干研究人才,还需要具有较大影响力的领军人物和首席专家,他们一般具有深厚的学术背景、扎实的研究能力和丰富的实践经验,对于把握引领智库发展大方向,以及有效领导智库开展战略性、前瞻性、战略性研究等可以起到重要作用。还有科辅人员和运营团队,几者缺一不可,相辅相成。

这些专业化、国际化人才除了不拘一格的引进,还需要有针对性的培养。一方面,吸纳聘任政治阅历丰富、了解决策需求的相关政府部门退休领导,或研究底蕴深厚、实践经验丰富、人脉关系广泛的专家学者、行业大咖作为首席专家。另一方面,要探索培养本单位的领军人物。一是选拔引进跨学科、跨领域研究人才和管理人才,如有条件的高校智库和社科院智库可试点招录相关政策分析专业的硕士、博士研究生,作

为智库的储备人才加以培养。二是为人才提供锻炼实践的机会,定期开展智库内部人才流动轮岗,并为智库人才提供到党政部门、其他智库机构甚至海外智库的交流学习机会,如智库机构与党政部门之间形成相互借调挂职人才的机制。智库内部挖掘管理人才和运营人才,为他们提供培训和跨部门实践的机会。三是与高校、科研院所合作开展人才培养,依托博士后工作站等资源,提高本单位人才的专业素质、决咨能力和国际视野,如党政类智库机构可以与高校联合建立博士后流动站,专门培养智库后备人才。

(四)建立完善现代化管理制度,提升运行效率

智库创新发展离不开内部管理能力的提升。国家已经颁布的科研机构改革、事业单位改革等方面的好政策,在智库领域还需要加快落地。不同类型的智库要根据自身特色创新开展组织体制改革,激发自身活力,建立一套"治理完善、充满活力、监管有力"的运行机制。要有效统筹各类资源要素,推动建立多元化、多渠道、多层次的智库投入保障体系,构建能适应新时代科学决策服务需要和智库发展规律的智库资源配置体系和配套支持政策。要创新课题遴选机制,强化智库课题项目顶层设计和全过程管理。要探索建立智库成果分类评价体系和奖励体系,以智库成果奖励制度推动智库成果转化创新,健全以创新能力、质量、贡献为导向的智库人才评价和考核体系,释放各类人才协同效应和创新活力。从而积极探索和形成与一般意义上的哲学社会科学学科和学术评价体系有所差异、能适应新时代科学决策服务需要和智库发展规律的智库资源配置体系和配套支持政策。

（五）推动数字智能技术运用，创新智库研究与宣传方法

当前科技发展日新月异，现代化智库要推动数字智能技术与战略决策需求深度融合，利用数字科技加强对国家发展中的重大战略问题和现实问题的调查研究。一是利用大数据、云计算等技术，收集、整理和分析各类数据，为智库研究提供全面、准确的数据支持。二是运用人工智能技术，开发智能化分析工具，帮助智库研究人员快速识别问题、发现规律、预测趋势，提高研究的准确性和效率。三是利用互联网、社交媒体等数字化传播渠道，通过微信公众号、微博、短视频等平台，以图文、视频等多种形式展示智库研究成果。四是利用社交媒体、在线调查等工具，吸引公众参与智库研究，收集公众意见和建议，增强智库研究的互动性。

（六）拓展对外交流渠道，推进全方位国际传播

在当前错综复杂的国际关系中，智库公共外交的功能作用更加突出。要充分发挥智库在"公共外交""知识外交"方面的积极作用。一是在国际交流中，不仅要"请进来"，还要"走出去"，参加国际论坛，举办国际会议，并用国际通用的方式传达中国声音，着力提升我国各类智库参与全球治理、公共外交、经贸合作、人文交流等议题的经验与能力，持续提升我国智库的国际影响力与话语体系构建能力。二是在国际合作中，不能仅仅停留在相互来访这一层面，还要进一步拓展对外交流渠道

五、中国智库发展的对策建议

与范围,通过联合开展项目研究、联合发布研究成果、鼓励人员跨国流动等,推动从研究理念、管理方式到工具和方法的同步更新与相互借鉴。三是在国际传播中,要加强在国际主流社交媒体平台上发声,精心挑选智库研究成果进行多层次、全方位的宣传推广,讲好中国故事、传播中国经验、发出中国声音,增强我国智库的国际影响力和话语权。

分论篇

六、从外驱动到内外双驱动：
新型智库文化的形塑

智库服务党委、政府决策，推动国家治理现代化，其价值取向、价值判断至关重要。智库文化，即在智库建设的过程中所应当遵循和体现的基本原则和价值观。智库专家要有伦理精神、道德操守，新型智库要有文化引领、文化支撑，否则就难以立起来、大起来、强起来，就难以行稳致远。如果说，2012年底中央强调智库建设以来，新型智库建设走过了主要依靠政策驱动、资源驱动的十个年头的话，那么，随着全面建设社会主义现代化国家新征程的开启，新型智库建设必须更加注重智库文化的创新、涵养和塑造，进入资源驱动、制度驱动和文化驱动并重的一个新的十年，打造中国特色新型智库建设的升级版。

（一）新型智库文化的主要功能特征

文化，包括宗旨、理念、使命、愿景；智库文化，涉及智库发展的宗旨、理念、使命、愿景等方面。智库文化，是一种物质的外在显现，是一种制度的有机构成，是一种精神的内在凝练，应该凝铸到智库专家的血液中,演化为智库专家的自觉行动。智库文化与学术文化、行政文化、传媒文化、社会文化之间既有联系又有区别,在融合中保持客观,在借鉴中走向成熟。智库文化,主要体现在智库管理机构的有机化、智库思想产品的客观化、智库成果转化的品牌化等方面。智库思维与行政思维不同,智库文化与承建单位或者母体之间的文化不同,需要对新型智库与母体之间的关系进行调适。如果智库组织完全从属于母体机构而缺乏生产上的自主性,过于冗长的生产流程,会降低智库的生产效率,使智库产品的针对性减弱,甚至错过最佳的转化时机。从智库文化自身看,主要有价值导向、资源配置、精神激励和形象塑造等四种功能。

1. 价值导向功能

智库文化决定着智库的追求和服务旨向。坚持党管智库的原则,充分认识新型智库的意识形态属性,培养有政治鉴别力和时代责任感的智库专家。

2. 资源配置功能

智库文化决定着智库资源的分配逻辑和分配领域。智库的资源是有限的,智库要围绕智库的核心目标来配置资源,包括研究方向和产品质量的坚守。智库研究和发展的方向不能脱离智库发展的宗旨,要避免智库一味追逐热点而导致研究方向左右摇摆,避免资源的过度分散和目标的多重多元。

3. 精神激励功能

新型智库发展,既需要外部资源的注入,持续赋能,更需要内部的自我驱动,通过培育智库文化,进行自我赋能,推动智库的可持续发展。

六、从外驱动到内外双驱动：新型智库文化的形塑

4. 形象塑造功能

智库通过文化塑造自身形象，与各类相关主体发生联系，从而达到塑造形象的目的。智库形象塑造成功与否，决定着智库获取资源的程度，决定着智库发展的潜力和程度。智库的文化塑造与形象塑造之间具有密切的联系。智库文化是无形的，但智库文化的力量是巨大的，无形的智库文化决定着有形的智库形象。智库文化建立的过程，也是智库形象塑造的过程。智库塑形要注重组织文化的作用，先从器物层面的组织文化开始，逐步过渡到精神和制度层面，打造具有丰富文化内涵的智库形象。

（二）新型智库文化的理论研究梳理

中国特色新型智库为什么要建立智库文化？在新型智库发展的过程中，智库文化具有什么样的功能，发挥着怎样的作用？这是新型智库建设必须回答的问题。可以说，智库文化，是智库发展的"根"和"魂"，没有智库文化引路，智库建设走不远。赋予智库文化更加丰富的内涵，建立具有鲜明的价值导向和价值取向的优秀卓越的组织文化，是实现智库可持续发展、保持基业常青的动力之源。在中国特色新型智库建设的过程中，相对于智库建设本身来说，智库文化是一个低频词，相关的研究成果相对较少。在此按照发表时间的先后顺序，对相关研究的主要观点做一梳理。

湖南省社会科学院周湘智在《智库管理文化建设的维度及其提升》中指出，智库文化表征着智库的目标、信念、哲学伦理及价值观，是指智库在长期发展过程中形成的群体意识、文化传统、行为规范与具象载体

等要素的总和,是将全体智库成员结合在一起的行为方式,是智库管理中最核心、最本质的成分。高端智库管理文化建设必须紧紧围绕智库理念文化、智库制度文化、智库行为文化、智库器物文化四个维度进行,以"同心圆"式智库管理文化有机体协力推动智库不断赢得主动、赢得优势、赢得未来。

中国人民大学重阳金融研究院王文在《中国应培育浓厚的智库文化——兼谈对智库学者的激励机制》中谈到,中国应培育浓厚的智库文化。让更多研究者加入智库的激励办法,是通过一系列机制建设,打造一个受人尊重的行业文化。在这个过程中,物质奖励虽然很重要,但关键还是通过机制与文化构建,让越来越多的研究者认同这个行业,以从事智库职业为荣。这种机制文化包括高层领导者的实际认可,决策层与知识界的良性互动关系,灵活人性化的薪资体系,以及社会对从事智库研究者的赞许与美誉度。

中国人民大学刘元春在《智库要有自己的独立价值和社会责任》中强调,高端智库不能简单盲从于社会思潮,不能简单追求社会的新闻效应,必须要有坚定的立场,有自己的独立价值,有明确的服务国家、服务政府、服务民族复兴大业的价值取向,能够为中华民族的复兴提供有用的思想和养分,提供建设性的意见。

南京大学王琪、李刚在《创新文化建设是驱动智库发展的主要抓手》一文中提到,世界主要发达国家的智库建设一般经历了智库实体建设、制度建设和文化建设三个阶段。实体建设阶段是各智库的初创阶段,主要目标是组织好各种人力、物力资源,使智库正常运转。制度建设阶段是指智库的建章立制阶段,一般是在智库章程下细化人、财、物和业务的管理运行细则和流程,实现管理工作的科学化、规范化、程序化、标准化、系统化。文化建设阶段是智库建设的高级阶

六、从外驱动到内外双驱动：新型智库文化的形塑

段,在这个阶段,智库更加注重提炼和传播组织的使命、愿景、伦理、价值观、品牌等文化层次的要素,形成智库的文化影响力、软实力和品牌形象。

中国人民公安大学曹诗权在《中国特色新型智库建设应把握四个基准》中指出,中国特色新型智库建设应立足国家思维、国民思维、国际思维和文化自信思维,把握政治属性、价值属性、科学属性和文化属性等四个基准,坚持以人民为中心的思想,把对人类的关怀、对贫弱者的关心、对国家的热爱、对社会的关切、对人民的责任放在首位。

四川省社会科学院李后强、方茜在《坚守中国特色新型智库的初心与使命》中认为,作为国家治理体系和治理能力现代化的重要内容、科学民主依法决策的重要支撑,中国特色新型智库的初心和使命,就是为党领导人民谋幸福、谋复兴提供智力支持。要把人民群众对美好生活的向往、把中华民族对伟大复兴的追求设定为智库建设的长远目标,赋予中国特色新型智库历史使命感和社会责任感,把家国情怀根植于智库的血脉之中,夯实中国特色新型智库的底气。

湖南省社会科学院曹普华在《科学推进我国智库高质量发展》中谈到,科学推进我国智库高质量发展,需要打造科学的智库文化。要坚守政治建库的行为底线,始终把加强思想政治引领作为智库建设的首要任务,始终坚持正确的政治方向、价值导向、研究取向,始终坚持为人民做学问,自觉围绕中心、服务大局,坚守社会责任、致力知识报国;坚定严谨细致的作风基线,以对后果负责、对未来负责、对声誉负责的态度做好智库运营、管理与研究;坚持快速反应的行动标线,强化"抢单"意识,对一些有特殊价值的议题,要快速着手、调研、成文,及时响应和满足决策实践需要。

中国人民大学重阳金融研究院王文在《古代中国智库的理念、制度

与实践》中提出,中国古代谏议制度框架下的智库实践可分为家臣僚属、内朝智囊、经筵师傅、翰林史官等四种类型,古代君王善用善待智库、古代智士为君王智谋天下,兼容并包、百家争鸣的古代智库文化传统对当前中国特色新型智库建设具有重要的借鉴意义。

(三)新型智库文化建设的实践探索示例

国务院发展研究中心的核心价值是"唯实求真,守正出新"。唯实,即尊重事实,坚持理论联系实际,深入了解真实情况,反映真实问题;求真,即认真思考,严谨细致,强调专业主义精神,找到事实的真相或真理,提出切实管用的建议;守正,即坚持为中央决策服务的根本方向,客观理性开展研究,遵守职业道德和学术规范,做有良知、负责任的学者;出新,即解放思想,勇于创新,不断出思想、出成果、出人才,为中央科学决策提供高质量的智力支持。

中国人民大学国家发展与战略研究院的目标使命是,以"中国特色新型高校智库的引领者"为目标,以"国家战略、全球视野、决策咨询、舆论引导"为使命,扎根中国大地,坚守国家战略,秉承时代使命,致力于建设"最懂中国的世界一流大学智库"。

中国国际经济交流中心的宗旨理念是,以服务国家发展、增进人民福祉、促进交流合作为宗旨,坚持中国特色社会主义理论体系,秉承"创新、求实、睿智、兼容"的理念,积极开展国际国内重大理论问题、战略问题、热点问题和全局性问题的研究,努力建设高水平和有国际影响力的中国特色新型智库……为增强国家软实力做贡献。

商务部国际贸易经济合作研究院秉持"格物致知、弘道养正"的院训理念,以"为政府决策服务、为地方经济服务、为企业发展服务"为

六、从外驱动到内外双驱动：新型智库文化的形塑

宗旨。

复旦大学中国研究院的宗旨是，分析中国崛起的原因和规律，进行关于中国道路、中国模式和中国话语的原创性理论研究和政策研究，推动中国思想和中国话语在世界范围内的崛起。

全球化智库秉承"国际化、影响力、建设性"的专业定位，坚持"以全球视野为中国建言，以中国智慧为全球献策"，致力于全球化、全球治理、"一带一路"、智库发展等领域的研究。

东南大学道德发展智库立足于"高端、长远、协同、国际对话"。"高端"的要义是智库成果必须"拿得出，用得上，留得住"。"拿得出"是智库成果经得起学界与政界的双重检验，在任何背景下都"拿得出手"；"用得上"是对领导理念的形成和战略制定具有"边际效益"，而不是领导理念的诠释与宣传；"留得住"是经得起时间考验，能成为学术、学科和社会发展的积累。"长远"是以理念、理论、战略为着力点，不囿于就事论事的应时之策，以国情研究生根，智库成果开花，理论建构结果，在前沿与热点中坚持"前沿优先"。"协同"的要义一言概之："有核心，多学科兵团攻关"。"国际对话"的真义，不是一般意义上的"走向世界"，而是寻找国际智慧支持与国际话语权。

（四）新型智库文化的形聚神塑路径

文化自信，是更基础、更广泛、更深厚的自信。新型智库作为思想产品的供给者，从大的方面讲，要坚定文化自信，增强文化自觉，从小的方面讲，要建立智库文化的自信，加强智库义化对智库发展的引领和支撑，加强智库发展的内部文化驱动和外部环境生态支撑，避免智库没文化或者智库文化的错位。

1. 智库文化,是家国情怀的文化

正如中国人民大学重阳金融研究院王文所言,凡人只有一条命,即性命;优秀的人有两条命,即性命与生命;智库学者必须要有三条命,即性命、生命和使命。发自内心的使命感,是一名优秀智库学者的必备个性,也是推动智库学者孜孜以求、为国家与社会的发展贡献力量的根本动力。复旦发展研究院黄昊认为,于国有利,方为智库。智库是思想与智慧的汇聚,是学术研究与国家发展的综合。真正的智库,其本质在于责任,对国家的责任,站在国家的高度看问题,站在国家的利益谈对策,站在国家的需要做研究。各类批示固然很重要,各类评选亦弥足珍贵,但能有什么比智库的思想落实于国家和社会的建设发展更让人激动和自豪?从这个意义上来讲,我们做智库,不是做给谁看的,仅仅为自己的情怀而做——因为我们热爱这个国家,希望她一切都好。"这是当年每周一次的决策建言研讨会及至发展研究院建立后的一条铁的纪律,参与决策咨询建言的专家,任何人不得声言'××政策是我们提出和倡议的'。"

2. 智库文化,是经世致用的文化

以专业知识和专业研究实现咨政启民、知识报国的使命,这是中国智库的基本价值观。客观性、科学性、服务性、精确性和传播性等构成智库的专业性内涵。坚持公共利益第一位、"向权力说真话"、不做利益集团代言人是智库伦理的底线。只有用中国专业伦理体系武装起来,有主体意识和专业自觉的智库专家,才是中国智库将来的希望所在。发扬智库人的主体意识和专业自觉才是实现中国智库治理"佳境"的内在理路,它和智库治理体制机制建设一样重要。因此中国智库治理创

六、从外驱动到内外双驱动：新型智库文化的形塑

新只有内外兼修、标本兼治、道器合一、主客一体，把科学的管理和智库专业伦理建设结合起来，才是中国智库治理创新的根本途径。从新型智库健康发展的长远看，衡量智库成果质量的维度应当是相对多元的，实现影响决策主体导向与影响决策内容导向的有机统一，通过决策者批示的形式性转化和经过实际工作部门实质性转化相统一，逐步确立智库成果以用为本的智库文化。

3. 智库文化，是求实求真的文化

智库专家要求真求实，专业敬业，为党分忧，为国谋方，为民请命。要做新时代党委政府决策的瞭望者、守卫公共利益的哨兵，能够为决策者在具有错误的倾向或者不理智的判断预警，能够为我们的经济社会和我们所处的时代发展过程中所可能遇到的问题预警，具有吹哨的勇气和能力。要做优秀传统伦理精神的守望者，智库要有自己的专业伦理，智库专家要有家国情怀和职业伦理精神。学风是智库专业伦理建设的核心，有好学风才会有好的政策分析。在南京大学和光明日报社共同主办的"2016中国智库治理论坛"上，中国财政科学研究院院长刘尚希认为，做好智库应坚持两点：一是要说真话，有家国情怀、责任担当和使命感，防止"贴标签"现象和功利主义，防止把智库当成谋取名利的工具；二是要提升能力和水平，重视吸引和培养专业人才，重视创新，建设完善宏观体制机制，让创新主体焕发生机和活力。智库专家作为知识分子中的特殊群体，应该是"专业性"和"公共性"兼而有之的"结合体"，既是某领域的专家，又是国家利益、社会正义的捍卫者和公共关怀的重要构筑者。如果只有专业性，而没有公共性，就会使智库专家深陷于权力话语的隐性规训中，丧失公益精神和公共责任。如果只有公共性，没有专业性，就无法建立有效的知识体系，智库只会变成戴着面具的游说者。

4. 智库文化,是守正创新的文化

智库专家,要有为国咨询的志气、守正创新的锐气、坚持真理的骨气、敢于与问题做斗争的血气。要坚守思想真理,在如何表达思想和传播真理方面具有更多的灵活性。每个行业都应有相应的职业操守,智库从业人员亟须形成一套完善的职业规范和职业道德,形成行业共识和行业底线,坚决抵制危害国家安全、损害国家和人民利益的行为。由于智库专家研究公共政策,可能会接触到一些核心的信息,智库专家要恪守职业伦理,保守职业秘密。特别是国家高端智库建设者,首先应锤炼好自己的职业精神,要坚定职业理想,端正职业态度,遵守职业纪律,履行职业责任。同时要坚守学术道德,坚持真理、尊重科学、求真求实、精诚合作,杜绝一切学术不端行为。

创新是智库的灵魂。新型智库,要推动组织文化的变革与创新,甚至是组织文化的历史性变革和颠覆性创新。因为智库类机构大都是在原有的学术性研究机构基础上组建的,或者是学术型专家学者转型而来的,还有政府系统人员下海或者咨询公司转型,无论哪种情况,都需要智库文化的构建和重塑,以一流的智库文化促进一流智库的发展。智库专家,既需要逻辑思维和理性思维能力,善于提炼事物的本质,进行概括化的表达,有能力将复杂的观点转化为简明扼要、通俗易懂的咨询建议;还要有形象思维能力,善于以小见大,进行故事化表达,增强智库成果的可读性和吸引力。在智库进行国际交流时,要善于讲好中国故事,传播好中国声音。

5. 智库文化,是宽容包容的文化

一方面,智库文化建设,要充分吸收行政文化、企业文化、媒体文化

等各类组织文化建设的经验,又要充分考虑智库的共有特征和自身的具体特点,建设富有鲜明特色和丰富内核的智库文化。另一方面,对于智库内部而言,要鼓励智库专家,宽容包容,允许智库专家试错,形成鼓励创新、支持创新、允许试错、包容失败的文化氛围。兰德公司课题经费中约有10%用于选题的必要性和可行性论证,公司还按一定比例提取科研发展基金,用于支持基础研究和某些有意义却又无经费的研究项目,以增强公司对不断变化的业务范围的适应能力。

6. 智库文化,是志愿奉献的文化

智库专家要善于躲开聚光灯,默默无闻地多做幕后工作。智库报告,特别是接受党委政府的委托课题、以内参形式上报的研究报告,没有完全意义上的知识产权。智库专家的家国情怀,还体现在志愿和奉献精神上,成功不必在我,而功力必不唐捐,智库专家要相信自己的智慧能够为国家和社会的发展起到积极作用。板凳要坐十年冷,文章不写一句空,甘于坐冷板凳和甘愿为他人作嫁衣应当是高水准智库专家的基本心态;坚守学术客观、兼容并蓄、广纳贤良,精诚合作,应当是高水准智库专家的基本准则。在"2017中国智库治理暨思想理论传播高峰论坛"平行分论坛——党政军智库论坛上,重庆市委党校决策咨询中心主任谢菊认为智库研究有"三不原则"和"五个讲究":"三不原则",即"不利于社会进步的不写、不利于人民福祉的不写、不利于国家利益的不写";"五个讲究",即"讲究人格、讲究站位、讲究眼光、讲究格局、讲究良心"。研究发现,有时候获得领导批示并不是那么难,但不能仅仅为了批示去做研究、写报告,智库专家要坚守自己的职业道德。

与新型智库文化建设的六个维度相关联,在推动新型智库建设的过程中,塑造智库文化需要注重以下七点:

（1）智库文化不能照搬西方模式。固然西方智库有许多经验值得我们学习和借鉴,但中国特色新型智库要走好自己的路,在智库文化建设方面应该有鲜明的中国特色。由于世界各国政治制度、文化传统不同,各国智库运行模式和智库文化也千差万别,部分专家强调智库的独立性,主张智库建设要向西方国家看齐,把独立性作为智库的首要属性和重要标准,既没有认清西方智库的本质,更不能采取简单的拿来主义。中国特色新型智库,必须植根于中国的优秀传统文化、中国的国情和政治制度,必须认清智库的意识形态属性、坚持党管智库的原则,坚持为党委政府决策服务的宗旨。

（2）智库研究不能一味附庸迎合。一般情况下,我们将负责建设智库的单位称为依托单位,而不是依附单位,相对于智库的主管部门,智库的研究要具有一定的自主性。特别是智库与负责决策的党政机关之间,是服务与被服务的关系,而不是依附关系,智库不能成为党政机关的代言和附庸。部分智库,在研究观点上而不是研究议题上唯决策者马首是瞻,所提意见建议,经常出现"命题作文"和"解读领导精神"的问题。智库的报告和成果,凡公开发表的,应该讲导向,内部供参考的,则需要更多的不同意见和冷静分析。唯如此,智库才真正有价值。所以,智库不可以有利益,更不能有权力。有利益的智库,就会千方百计去固化利益,有权力则更可怕。智库研究报告应基于社会责任感而做出,具有强烈的现实关怀,旨在产生重要的社会影响。所以,智库的研究更应坚持以公共伦理为重要的原则,时刻以服务国家利益和公共利益为先导,而不能沦为某些特殊利益的代言。这也是智库所必须具有的客观性、公共性的特点所然。

（3）智库管理不能过于行政化。一方面,智库不能异化为政府的内设机构,不能成为政府的附庸,智库要有自己的大脑和思维能力,有

六、从外驱动到内外双驱动：新型智库文化的形塑

自己的分析和判断。另一方面，要防止智库机构设置的行政化问题，把智库机构办得比政府还政府，叠床架屋，等级众多。新型智库的知识生产功能，决定了智库组织体系要向着管理扁平化、人员网络化、结构矩阵式的方向发展。避免借成立智库之名，封官许愿，形成庞大的组织领导体系，造成比行政机关还机关化的科层机构。部分智库设有名誉院长、轮值院长、理事长、学术委员会主任、管理委员会主任、院长、行政负责人、副院长、秘书长、副秘书长、院长助理，职务类别和组织层级近10个。智库成果往往具有较强的针对性和应急性，真正高质量的思想产品与繁文缛节格格不入，过于复杂的体制，要么形成权力掣肘，大大降低智库的产出和运行效率，要么陷入严重的官僚主义，流于形式，沦为自娱自乐、满足智库专家行政职务虚荣心的工具，发挥不了实际作用。因此，不仅仅是以行政事业单位形式存在的智库涉及去行政化问题，一些新组建的高校智库同样存在去行政化的问题。

（4）智库观点不能站在对立立场。智库，以批判的精神去分析政策问题，但合作与解决问题是批判的出发点，智库与决策者之间的关系绝不是对立关系，以所谓的公知一味地批判政府。新型智库要在坚持批判性的基础上，由批判性为主向建设性为主转变，以创新的理念、批判的思维、建设的心态参与公共政策。智库专家应当具有批判思维、批评精神，但智库专家不应当成为党委政府的对立面，不了解实情却指手画脚、"指点江山"。由于信息不对称，智库专家受实践经验的限制，观察问题的视角与决策者不同，得出的结论难免有所不同。作为智库专家，应当在独立判断的基础上，参照政府部门提供的信息，对决策咨询报告中的相关观点再论证。研究无禁区，宣传有纪律。内参可进谏，由于智库研究内容与公共政策紧密相关，智库成果具有一定的内部性，特别是受决策部门委托或者定制研究的课题，课题成果具有很强的保密

属性。坚持党管智库,坚持正确的政治导向,是新型智库的特色。对于一些政策敏感性问题或者对决策批评比较尖锐的问题,智库可以研究,相关的智库成果可以通过小范围内参或专报的形式进行,公开发表的成果必须讲政治、顾大局、服从纪律。要坚持智库成果的内外有别,在内部成果转化为公开发表成果时,应当注意话语体系的转换和敏感信息的适当过滤,部分不适合公开的信息要隐去,以避免引起社会的误解、猜测或者不安。

(5)智库表达不能信口开河。智库专家既不能不发声,也不能乱发声。在重大决策面前,迫切需要对智库专家的声音进行整合筛选提炼,甚至组织专家深入反复论证。新冠疫情期间,一方面,是前期智库服务功能不足,特别是缺乏智库机构及时预警,另一方面,在中后期智库报告铺天盖地,但真正有价值的智库报告数量不多。智库专家要多发出一些理性的声音,不能想当然,不能不经过周密的论证就信口开河。智库专家要自信,自己说的话自己要相信,并且能够有充足的理由说服他人相信,不能以己昏昏使人昭昭,绝对不能"至于你信不信,我反正信了"。智库专家最忌浅尝辄止,一知半解,只知皮毛,谈起来头头是道,实际上不着边际,只知其然不知其所以然,提不出解决问题的办法。

(6)智库成果不能粗制滥造。智库成果要有自己的规范,引用现有的研究成果要尊重原作者版权和著作权。为了表达简洁,作为要报和内参形式的成果,往往没有注释,没有参考文献,一些数字来源和引用观点在正文中没有说明。但这并非说明,智库报告仅仅是靠复制和粘贴就可以完成的,可以没有原则地抄袭或模仿,智库专家在创作思想产品时必须有自己的道德底线,智库界的知识产权保护需要进一步规范。第一,决策咨询报告应以原创性为主,把创新放在第一位,坚决反对简单的模仿,或者通过"复制＋粘贴"的方式对其他研究成果"改造""拼接"。第二,实行内外有别,在转化为学术成果公开发表时,必须尊重原作者,添加必要的注释和参考文献等。第三,对于有重要转化价值的成果,建议运用区块链技术进行认证,从而确定呈报作者和背后作者各自的贡献。

(7) 智库建设不能急功近利。智库专家不仅对真理孜孜以求、对名利淡然冷静,还具有家国情怀、专业精神、伦理操守和奉献意识。专家,要有自己的专业专长,对自己的研究领域和研究方向用心要专。要恪守智库专家的职业道德,重点做好自己分内的事。智库的研究队伍可以无边界,但智库的研究领域和主攻方向不能没有边界。智库的研究方向和研究领域需要根据专家的构成和学科等方面的基础支撑,由有关部门来核实,不能超范围跨界经营,避免由于原材料不足而生产残次产品。实行智库准入制度,智库的定位要精准,研究领域相对清晰。如果智库结构和团队结构积累到一定的程度,可以开拓新的领域和研究方向。但智库专家不要轻易地跨界、追逐热点,或者说,跟着热点问题跑,没有自己长期坚守的研究方向是难以成为智库大家的。

(五)从外驱动到内外双驱动:打造与新发展 阶段要求相适应的新型智库文化

一般研究认为,2013年4月习近平总书记关于新型智库建设的重要批示,是新型智库建设的开端。事实上,2012年11月,党的十八大报告就明确指出,坚持科学决策、民主决策、依法决策,健全决策机制和程序,发挥思想库作用。在2012年12月中旬举行的中央经济工作会议上,习近平总书记明确提出,要健全决策咨询机制,按照服务决策、适度超前原则,建设高质量智库。因此,可以说,从2012年底算起,伴随着中国特色社会主义进入新时代,中国特色新型智库建设走过了十个年头。在庆祝中国共产党成立100周年大会上,习近平总书记庄严宣告全面建成小康社会、实现第一个百年奋斗目标,正在意气风发向着全面建成社会主义现代化强国的第二个百年奋斗目标迈进,强调新的征程上,必须坚持"把马克思主义基本原理同中国具体实际相结合、同中华优秀传统文化相结合"。现代化新征程对新型智库提出了新的更高要求,迫切需要我们在新型智库的第二个十年更加注重文化元素,打造更加注重文化驱动的新型智库建设升级版。

1. 进一步完善顶层设计,形成有利于智库文化培育和生成的政策导向

中国特色新型智库,必须坚持党的领导,把政治属性放在第一位。智库文化,就是"智库+文化",中华优秀传统文化、革命文化和社会主义先进文化在智库建设领域的体现,是智库组织把中国特色社会主义文化内化到组织中的过程,通过优秀传统文化等与智库特征的耦合,形成新型智库发展应当遵守的准则、伦理和文化,从而培育中国特色新型智库的价值体系,建树中国特色新型智库的整体形象。

2. 进一步强化智库初心使命,形成有利于智库文化培育和生成的内源动力

新型智库如何成型,需要有智库文化作为内核和支撑,需要智库文化引领,文化驱动是新型智库可持续高质量发展的重要保证。新型智库,研究的是公共政策问题,代表的是公共利益,研究机构和专家具有公共属性,中国特色新型智库要坚守自己的初心和使命。体制内的智

六、从外驱动到内外双驱动：新型智库文化的形塑

库,或者与政府有整体合约的智库,为党委政府提供决策咨询服务是分内的事。即使是体制外的智库,不直接接受政府的资助,只要以机构以智库的名义和身份出现,就应当把服务党委政府的决策作为宗旨,这是智库最基本的价值追求和生存的意义所在,也是智库必须尽的责任和义务。否则,就不能算真正意义上的新型智库。新型智库不同于传统的智库和一般的研究机构,与其所属的母体和前身有着很大的不同。进一步推动智库实体化进程,在功能定位和价值取向上加速实现智库与所在母体文化的分离。在建设智库文化的过程中,新型智库要祛除浮躁情绪,告别急功近利,真正静下心来做研究,摆正心态做咨询。

3. 进一步完善政策制度驱动,形成有利于智库文化培育和生成的外部环境

智库文化塑造,既需要主管部门引导,也需要智库自身的努力塑造,既需要智库界坚持不懈的努力,也需要党委政府和社会公众等外部环境的熏陶。一方面,要强化智库研究的价值取向,坚守服务党委政府决策作为智库的宗旨,坚持智库研究的公益性和非营利属性,坚持与以新型智库之名、行咨询公司之实的研究机构区分开来,保持新型智库的纯洁性。另一方面,又要强化全社会对智库价值的认同和对智库专家的认同,形成对智库专家和智库成果应有的尊重。党委政府对智库既要善于"索取"优秀的智库成果,又要善于给予相应的支持和激励,建立完善党委政府购买智库服务制度,形成优秀智库成果的反馈和激励机制。要遵从智库建设和发展规律,建立有利于打造智库百年老店的评价体系,避免畸形的评价导致畸形的智库文化,助长智库界本来就存在的短视浮躁之风。

4. 进一步凸显智库个性特色，形成有利于智库文化培育和生成的良好生态

智库文化决定着智库的现在，更决定着智库发展的未来。中国特色新型智库，要有鲜明的集体文化标识，还要有鲜明的个性特色。通过对不同智库的组织文化分析，提炼出中国特色新型智库文化的整体特征。新型智库特别需要加强研究方向和宗旨、愿景等方面的设计，形成具有鲜明特色的智库文化品牌。智库文化的打造过程，既是智库灵魂塑造的过程，也是智库动力加注和动能重塑的过程。智库文化，兼有内敛与张扬。智库应当是有内涵的，有志愿精神，不能夸大其词；智库又应当是张扬的，实事求是地开展宣传，扩大智库的影响力。把智库内部文化建设和外部形象树立结合起来，做强智库专家层面的文化内核、智库组织层面的文化灵魂、智库群体层面的文化形象，把智库界建设成为有思想有智慧有文化，能够为党委政府提供强大智力支撑的思想库。

5. 进一步强化智库文化与社会文化的互动，让智库文化外溢更好地为现代化赋能

新型智库在经济社会发展中具有重要的引领作用，不但要智慧引领、思想引领，而且需要精神引领、文化引领，构建智库发展的良好文化圈、生态圈。现代社会需要现代治理，现代治理需要现代智库参与，现代社会发展和治理迫切需要注入新型智库理念。智库文化，是一个先内化、再外化、再内化的过程。这一方面是就智库文化自身的形成而言；另一方面，是就智库文化传播的过程而言。智库文化内化的过程，就是深层次组织文化形成的过程。智库文化外化的过程，就是智库建设的理念和价值判断等传播到经济社会组织和其他领域的过程。再内

六、从外驱动到内外双驱动：新型智库文化的形塑

化的过程，就是经济社会组织把智库文化吸纳，进行嫁接和扩容，形成一种具有更强的自我革新、自我提升意识的文化。把智库文化内化到经济社会等各类组织中，建设智能化、智库型、自我驱动、自我赋能的现代组织，从而把新型智库由一类机构变成一项机制，推动形成智慧众筹机制，增强社会公众参与自我治理、社会治理和国家治理能力，助推国家治理体系和治理能力现代化。

（作者系江苏省社科联党组成员、副主席刘西忠）

七、中国智库的未来发展趋势与重点方向展望

智库作为国家执政能力建设的智力基础设施,致力于以问题导向、客观态度、科学方法为党委政府提供可操作性政策建议与高质量策略支持,是现代决策的重要导航与硬核支撑。加强中国特色新型智库建设是党和国家的一项重要制度安排。随着现代公共决策对智库智力需求的进一步增强,"未来我国智库建设将总体上朝着现代智库方向迈进,同时体现一定的中国特色",进入以平台巩固与存量提升为主、从有形智库向有效智库加速转型的新阶段,智库的成熟度将进一步提高,与世界一流智库的差距明显缩小,部分智库将跻身世界一流智库行列,呈现十二个方面的趋势。

(一)服务决策的深度和广度不断拓展

智库机构与党政部门作为决策咨政成果的供需双方,只有结成紧密的工作关系,才能"所为必所需,所行必见效"。当前,我国智库与党政部门正在由传统的谋与断、甲方与乙方,向"政策合伙人"关系

转化,但政与智对而不接、接而不通的状况尚未得到根本改观,直接影响智库建设水平与成果质量。未来智库建设将会按照中央要求与现实需求,以推动智库研究全面融入决策、全面服务决策为导向,大力实施"牵手"计划,深入推进"领导出题　智库答题""部门出题　智库解题"等有效做法,广泛建立起专业智库对口联系党政领导同志,智库专家对口服务相关业务部门的工作机制。党政部门将更加注重通过参与文稿起草咨询、现场会诊指导、委托课题研究、参与工作协商、参加调研座谈、提供项目支持、邀请专家授课、进行第三方评估、引导政策舆论等方式众筹专家智慧,柔性发挥专家作用。智库精心提供链式服务,推动智库专家深度融入党委政府的决策链、部署链、操作链,会成为未来智库成果的主流表现形式,将在不断延链、补链、强链中形成"对接需求—调查研究—推出报告—拿到批示—改进政策—起草文件—编写手册—参与试点—建立标准—开展评价—推广经验"为内核的服务链、成果链、效果链。

(二) 产品类型朝全方位智库功能体系迈进

决策实践对智库的多元化需求决定了智库产品的多元化。当前,一些智库的功能线还比较单一,缺乏科学化布局、规范化建设与功能化配套。更好履职尽责、扩大影响、创造需求需要进一步开阔视野、克服内卷、增加卖点,形成与自身能力禀赋相适应的智库产品系列。未来的智库建设,将进一步做强咨政型产品,提供高质量的对策建议、决策信息、执行跟踪、对口服务、业务培训、连续性报告;将进一步开拓评价型产品,推出更多指数报告、第三方评估、综合排名、评测认证、专业奖项;将更加重视平台型产品,建立资源链接平台,服务政府引资引智引技、组织特定行业竞赛;将不断充实推广型产品,积极为基层与行业系统提炼模式、总结经验、传播形象;将注重丰富国际型产品,与"一带一路"、RECP、欧美等国家地区开展智库合作,讲好中国故事,提供更多国际公共产品;将不断厚积学术型产品,推出更多高质量学术专著、专业论文,打造形成横向全功能、纵向全链条的产品格局,全方位满足党政部门需求。

(三) 对外影响力、资源整合力继续提升

政策影响力、学术影响力、社会影响力、国际影响力是智库评价的核心指标,智库影响力的形成既要靠高质量的智库成果,也要靠高水平的主题活动。智库活动丰,内部运行才能畅,发展资源才能广,对外影响才能大。当前,一些智库的运营还比较粗放,内循环较为严重,不善于通过线上线下活动内聚人脉、中练队伍、外扩影响。未来智库建设中,我国智库将更加注重加强组织策划,定期开展的智库公共活动将更有影响、更见实效、更能持久。传统的论坛、政策座谈会、智库理事会会议、学术委员会会议、业务培训会、嘉宾讲座等得到积极拓展,不断被赋予新内涵;专题考察调研、成果评审会、成果发布会、智库年会、工作汇报会、年报披露会等活动载体将得到积极创新,不断被赋予新形式;选题策划会、政智企对接活动、智库会客厅、智库沙龙、智库开放日、智库工作坊等活动特色将得到积极凸显,不断被赋予新魅力,形成纵向衔接、横向支撑、功能互补的智库赋能体。

(四) 智能、精准、敏捷的数字化转型不断加速

未来的咨政建言不仅靠"想"、靠"跑",更要靠"算"。合格的数字化

支持需要让决策者快速获得有充分数据支撑的决策方案,也要在决策后能全程追踪到执行的实际效果,还能为未来的对策优化提供更新螺旋。成熟的智库研究矩阵应该由领域知识专家、人工智能大模型专业人员、软件开发人员共同组成,三者通力合作提供最佳政策情景解决方案。当前我国智库数字化转型严重滞后,无法满足决策需求,与同为提供知识服务的咨询公司差距日益拉大。未来智库研究中将更加强调"数据即论据",需要加强数字投资、实施数字策略、进行数字化部署,与行业洞见、丰富经验深度融合起来,通过集纳全球领域数据扩大参考源,通过精算分析得到领域量化信息,通过算法+业务模型进行深度数据挖掘,快速准确接收处理各方信息,针对问题场景汇集调度相关数据,开发相应应用分析管理模型、基于应用算法集成的决策支持系统,确保咨政建议可靠、可信、可用。考虑到数字化的高额成本,未来一些智库将以更加务实的方式通过自建、合建、分享等方式搭建数据库、方法库、案例库、政策库、知识库、工具库、题材库、专家库,构建智库的知识管理中后台系统,为研究人员提供实时支撑。

(五)标准化建设引领智库服务走向价值链高端

标准化的"简化、统一、协同、优化"特质,具有可复制可推广优势,能获得最佳秩序、最大效能。实现管理与服务的标准化是智库发展建设走向成熟的基本标志,推进智库深层次内容创业,必须建立标准化体系。当前,我国智库标准化已启动少数子项目的编制,但尚处于初步探索阶段。未来我国智库将按照规范性、科学性、完整性、协调性、适用性要求,以实现规范化运作、标准化考核、程序化控制、持续化改进为目标,积极吸纳国外先进做法,结合我国实际,着手建立智库的国家标准、行业标准、地方标准与团体标准。将研制智库服务规范、服务提供规范、服务质量控制规范、运行管理规范、服务评价与改进标准等服务提供标准体系,建立以智库合同管理标准、人力资源标准、设备设施及用品标准、财务管理标准、信息标准、职业健康标准、安全与应急标准为核心的服务保障标准体系。在此基础上,将陆续开展不同内容的标准化试点,先行先试、示范带动,加快创新、不断完善,切实把标准明细落实到智库研究、运营、服务的全过程。我国智库将在标准的导引下,不断深化用户管理,提升职业能力,构建行为准则,助推智库高质量发展。

(六)推动研究成果落地的合力进一步形成

建言献策、提出对策是智库发挥作用的基本功能,进入决策、形成政策是智库发挥作用的根本体现。随着我国智库建设的纵深推进,越来越多的好建议、好方案获得决策者青睐,对智库成果的批示肯定与批办意见不断增加,但成果落地难的问题亦逐渐凸显,不少建议批而不办、办而不力,造成智力空投、成果空转,影响了专家学者的积极性,形成智力资源浪费。未来智库建设中,既注重提高成果的"到达率""点赞率",也注重提高"落地率""见效率"将成为重要努力方向。文秘部门将强化批转后续环节的督导督办,及时跟踪落实批办意见落实办理情况,把政策建议切实转化为发展行动。智库成果使用制度将得到不断完善,规范的、具有刚性约束的跟踪反馈、统计披露、考核问责等实施细则也将陆续推出,逐步构建起从政策建议到政策实施的闭环。

七、中国智库的未来发展趋势与重点方向展望

（七）作为学术报国的平台作用持续深化

"哲学社会科学的智库范式"的出现是党的十八大以来我国哲学社会科学发展的一个重大变化。习近平总书记指出，哲学社会科学研究"必须落到研究我国发展和我们党执政面临的重大理论和实践问题上来，落到提出解决问题的正确思路和有效办法上来"。中国特色新型智库建设"找到了哲学社会科学从哲学范式到智库范式的创造性转换之伟大路径"。[①] 未来，应用对策研究作为哲学社会科学独立发展方向的定位将进一步巩固，将与基础理论研究并驾齐驱、交叉融合、相互支撑。同时，新形势对党和政府科学决策能力、国家治理能力、国家软实力提出了更高要求，国家比以往任何时候都更加需要强大的智力支撑，比以往任何时候都迫切呼唤高水平智库的涌现，要求广大哲学社会科学工作者更加自觉地把自己的研究事业与党和人民的事业紧密联系在一起，在智库研究中充分运用所学知识，认真研究解决国家发展与党执政面临的重大理论与实践问题，智库将越来越成为社科工作者为祖国为人民立德立言、贡献智慧、实现价值的重要途径。各级党委政府也将创造更好条件，使智库作为社科工作者学术报国平台作用发挥得更加充分。

（八）正向激励与反向倒逼措施更加具体化

多年的智库建设实践表明，必要的正、反向激励措施是增加履职

[①] 李刚：《哲学社会科学的"智库范式"》，《理论与现代化》2017年第3期。

压力、强化研究动力、激发发展活力的有效手段。目前,社科院等智库已普遍打通了智库成果与学术成果评价认定上的阻碍,建立起较为完善的激励机制,但部分高校、职院尚未普遍建立等效评价机制。随着智库建设绩效考核要求与滞后激励制度之间矛盾的日益尖锐,这一局面将有望彻底被打破。同时,区别于以往党政机关对智库的松散式管理,未来在党政部门开展智库建设绩效评估以及巡视、审计、财政等部门强化智库资金跟踪问效等因素推动下,中央和地方将进一步加强对智库的考核监管,一些评估不合格的智库将会在支持力度上受到影响或被强制退出。一些公共资金支持的研究项目,课题发布部门将进一步强化成果质量监督控制,"相关机构也将发布更为准确、客观的智库排名,以社会评估的方式"推进智库持续发展进步。

（九）现代分析方法的运用更加普及

科学技术的迅猛发展为智库研究提供了强大工具支持,为满足现代决策对政策分析精度要求提供了重要保障,智库将加快告别传统的、模糊的、粗放的研究方法,更加注重采用大数据、云计算、人工智能、政策仿真实验、定量建模、计量统计等现代政策分析工具,智库研究的精细化、数字化、模型化将得到更广泛的运用和体现,用实证调研找准问题,用数据案例描述现象,用理论工具分析原因,用模型框架解释变化,用管用方案支招解困成为智库通用手段,成果传播的方式将更加立体化、个性化、具象化、精准化。通用人工智能等技术的应用将极大改变智库产品生产模式,进一步打破智库与政府机构信息不对称的局面,互联网技术的发展将有效连接起政府决策与每个公民、机构的互动,实现智库产品服务供需的有效对接。大量地方政府将加强与技术公司的合作来处理政策问题,华为、阿里巴巴、腾讯、百度等大型技术公司将开发出更多有竞争力的大数据智库产品,从事智库产品供给的主体更趋多元化,智库将不仅表现为一个机构,也表现为一种机制。

(十)资源配置方式转变促使智库机构进一步分化

随着智库内外制度的日渐规范以及思想市场的日益繁荣,以市场来配置智库资源的力度将进一步加大,价格、供求、竞争等市场机制,优胜劣汰的市场法则将进一步发挥作用,推动智库行业整体竞争力不断抬升。作为需求方的党政部门,经过与智库机构多年互动,其精明买主意识将得到进一步强化,主动营造适度竞争环境、依靠市场选择智库服务将成为新常态。对体制外智库机构的门户之见将进一步打破,市场化的咨询公司、规划设计公司、大数据公司等主体进入公共政策服务领域的机会将进一步扩大,对体制内智库构成倒逼压力。智库机构作为供给方,在日益激烈的竞争环境下,那些定位明晰、运营高效、实力强劲的机构会越做越大,成为大型品牌智库;一些低能智库将面临日益窘迫的生存环境;一些无特色、无影响的机构由于难以适应竞争,会面临关停并转,被动或主动选择退回书斋;一部分智库则被迫进行内部机构调整和运行模式转型,智库行业作为一个准市场行业存在的趋势日益显露。

（十一）"外脑""内脑"相互融合的态势逐渐加深

以党政部门内设的研究室、办公厅（室）、政策法规局（处）等为代表的"内脑"，以各类型智库为代表的"外脑"，在多年互动合作过程中逐渐认识到对方的优缺点与借鉴性。为了更好胜任各自职能使命，近年来两类机构逐渐出现相向而行的趋势，不少"内脑"更加重视工作人员的专业化、高学历，更加注重提升工作人员的学术素养、理论抽象、科学方法应用能力；许多"外脑"则更加重视加强研究人员对政府运转、政策实践与基层实情的了解，更加注重深度介入决策流程及提升文稿写作能力。未来，将会有更多的"内脑"机关同志更主动地到智库与专家学者共同探讨政策问题，邀请智库专家参与调研报告、政策文件、领导讲话等文稿的撰写；更多智库研究人员会机制化地到党政机关挂职、借调、跟班，深入基层一线调研，邀请"内脑"工作人员参加智库选题策划、成果评审与共同研究。两类部门间的交流任职、人员对换、智慧对流密度有望加深。

（十二）对智库建设的规律把握越来越全面

随着中国特色新型智库建设的不断推进，全国上下对智库建设规律的认识也不断得以深化，对什么是新型智库、怎样建设新型智库、如何科学评价智库等有了越来越全面的理解，取得了重要的认识成果和制度成果，形成了中国特色新型智库、外脑、内脑、智库研究、智库报告、智库内参专报、智库课题、智库论坛、智库运营、智库评价、智库专家、智库人才、政智互动、智库学等专有概念范畴。未来,围绕如何体现中国特色、创新体制机制、形成政智良性互动、培育高端智库人才、深化智库对外合作、提炼智库研究方法、构建质量管理体系、开发分析工具等,将会形成规律性学理化知识体系,储备一批专职智库学研究队伍,产生一批高质量论文与专著,构建中国智库学的条件与现实可能性日益具备。

(作者系湖南省社会科学院〔湖南省人民政府发展研究中心〕政策研究与智库建设部部长、湖南省智库学研究基地首席专家、研究员周湘智)

八、多元与融合

——高校智库进入高质量发展阶段

中国高校智库的跨越式发展自2014年教育部印发《中国特色新型高校智库建设推进计划》开始,尤其是2015年中共中央办公厅、国务院办公厅印发《关于加强中国特色新型智库建设的意见》以来,正式进入了如火如荼百舸争流的建设期,众多高校智库如雨后春笋般成立,共同组成了中国特色新型智库中的主力军。自习近平总书记于2022年4月25日在中国人民大学发表重要讲话以来,教育部深入贯彻落实习近平总书记重要讲话和党的二十大精神,就全面提升高校咨政服务能力、推进高校智库建设做出统一谋划与安排部署,同时各高校越发重视智库作为学科发展新动能的增量作用,从顶层设计、管理创新、研究方法等多方面推动建设。高校智库进入高质量发展阶段。

(一)高校智库进入高质量发展阶段

1. 教育部高度重视并推进高校智库建设

2022年,为深入贯彻落实习近平总书记重要讲话和党的二十大精神,教育部先后印发《面向2035高校哲学社会科学高质量发展行动计划》《哲学社会科学知识体系建构和高校咨政服务能力提升工程实施方案》,怀进鹏部长召开推进会做出专门部署,要求充分发挥高校作为哲学社会科学"五路大军"重要力量的作用,围绕国家重大战略需求和学科发展前沿,强化有组织科研,着力打造以知识体系建构为基础,智库建设、国际组织人才培养和国别区域研究为重点,领军人才和核心团队为支撑的"四位一体"推进格局,助力高校"双一流"建设,全面提升高校咨政服务能力。就此,以"为智库提供源库"为指导,教育部成立"高校哲学社会科学自主知识体系建设战略咨询委员会",力求从源头上提升高校特别是高校智库的战略命题和战略建言能力。同时,教育部主动组织推动现有32家应用研究型重点研究基地转型为智库,委托复旦大学建设"高校哲学社会科学学术服务中心",承担"高校智库平台协同机制"秘书处工作,持续举办"中国大学智库论坛",在顶层设计谋划、管理保障机制、转化平台建设等方面进行了有力部署。另外,2021年,教育部整合课程教材研究所和教育部基础教育课程教材发展中心,组建新的课程教材研究所,以加强和改进大中小学教材建设。

2. 高校智库高质量发展阶段的特征表现

近年来,高校智库逐渐形成了以国家高端智库等新型高校智库为引领、省部级重点高校智库为支撑、其他高校智库为长尾的动态层级结构,各层级智库持续联动,推进高校智库的发展路径不断探索,不断创新,可以说,高校智库提供的决策咨询已经逐渐成为国家治理体系和治理能力现代化的重要组成部分。

(1)在统筹管理方面。高校越发重视高校智库建设,重视其作为教学科研之外的有效增量所能够发挥的重要作用,从党管智库、顶层设计、机制创新等方面加强对高校智库建设的指导。清华大学、复旦大学、中国人民大学、武汉大学等多所高校高度重视智库建设工作,通过校内指导文件,成立智库工作领导小组、智库工作委员会、智库专家委员会、学校智库联盟和矩阵等多种形式,实施智库提升计划,不断完善智库工作的组织制度,统筹校内各类智库的建设和发展,打造富有学校特色的圈层式高水平新型智库体系。如中国人民大学通过包含打造首批新型智库、创新高地、创新基地等内容的校内文件,建设为国家重大战略和理论创新服务的新型智库体系;武汉大学为更好地从全校层面总揽高端智库建设工作,成立了国家高端智库建设工作领导小组,同时设立领导小组办公室(武汉大学智库工作办公室),统筹调配全校资源,落实条件保障。

(2)在机制创新方面。具有代表性的新型高校智库不断创新资源配置、组织形式和管理方式,强化智库内部治理能力,探索智库运营路径。清华大学国家治理与全球治理研究院(智库中心)、复旦大学发展研究院(统筹和研究双职能)、中山大学粤港澳发展研究院等一批在国内外具有重大影响力的新型高校智库在体制机制上率先创新,不断引领其他智库的建设与发展,智库建设与学术科研双轮驱动、智库统筹与智库研究双重职能提升、设立各种形式的智库建设专项经费和相关科研项目支持,采用智库研究员等多种引进方式汇聚智库人才、完善智库成果的奖励评价机制,以及设置"智库楼"等专属物理空间等多种体制机制,已经成为其他高校智库学习的样本。

(3)在咨政研究方面。充分发挥高校学科齐全、积淀深厚的研究优势,高校智库以智库建设反哺学科,以自主知识体系构建持续推出高质量决策咨询成果,持续形成决策咨询与文理医工农艺六大学科门类融合创新的新趋势。学科研究的优化创新发展扎实智库建设与发展的根基,智库建设与发展倒逼学科发展和融合。高校智库以问题为导向,从解决实际问题出发,不断优化学科研究与发展,打破学科壁垒,进行交叉学科协同攻关,寻求理论研究创新的新增长点,而严谨扎实的学术理论研究继续为智库成果不断提升质量、进行内容创新提供扎实的支撑。目前,高校智库一方面形成了综合性智库与专业性智库齐头并进的发展格局,不仅聚焦服务国家战略建设综合性智库,而且结合学科特色孵化专业性智库,多维样态发力汇聚高校智力资源;另一方面,咨政研究领域不断扩展,从社会学科向文理医工农艺六大门类,跨学科融咨政的新型智库机构以及相关咨政成果不断涌现,涉及的学科领域越发多元,已经涌现出一批微电子、信息工程、医疗卫生等跨学科的高质量咨政成果,同时,数据驱动、以"数"决咨的新局面正在形成,教育部、商务部、文旅部等部委以及地方政府纷纷成立跨学科重点实验室,为学科研究升级,为高校智库赋能。

(4)在思政育人方面。高校智库主动发挥"育人"职能,落实立德树人的任务,开辟高校思政育人的新阵地。习近平总书记强调,办好思想政治理论课,最根本的是要全面贯彻党的教育方针。新时代贯彻党的教育方针,要坚持马克思主义指导地位,贯彻习近平新时代中国特色社会主义思想,高校智库校外对接国情民情,坚守意识形态底线,坚持党的领导、坚持社会主义方向,站在社会主流立场,立足公益性和公正性,体现其鲜明的价值趋向,引领社会发展;校内承接教学育人的功能,学者与学生在参与智库建设的过程中深度理解国内外复杂形势,自觉判断和抵御错误思潮。

(5)在国际交流方面。高校智库持续推进二轨外交与国际人文交流,坚持向国际社会传播中国声音、中国理论、中国思想,不断扩大国际影响力。当前,世界之变、时代之变、历史之变正以前所未有的方式展开,高校智库充分发挥对外交流广泛的优势,一方面,积极组织国际组织人才的培养与推送,继续实施国际组织后备人才培养项目、青年人才培训项目,建立国际组织人才海外培养基地;另一方面,举行国际交流活动,打造国际交流合作网络,通过北京论坛、上海论坛等较有影响力的国际论坛、海外中国研究中心等机制平台,以"线上+线下"等多元形式持续推动国际人文交流,发出中国声音,融汇世界观点,为理解差异、重塑共识,构建人类命运共同体贡献力量。

(6)在渠道建设方面。高校智库与政府部门对接渠道的规范性建设越发深入,高校智库的作用受到普遍重视,各级政府部门"重视善用智库、良性对接互动、智慧借智借力",形成了共建互利的局面。一是各级政府部门重视、善用、善待高校智库,逐渐探索出与高校智库合作的常态化对接机制,不断加强双向信息沟通与往来,在传统的咨政报告约稿及报送之外,不断探索新的咨政方式,包括专家座谈、政府聘任,以及由政府与高校共建智库平台等,为智库研究加强精准性和对策性提供了极大的便利。二是高校智库对决策支撑力度显著增强,产出的众多智库成果转化为公共政策、转化为社会生产力,在推进科学决策、民主决策,推进国家治理体系和治理能力现代化进程中发挥着越来越重要的作用。

3. 高校智库高质量发展阶段的未来展望

高校智库进入高质量发展阶段,是高校智库因应时代命题逐渐升级发展的自然结果。一方面,党中央高度重视智库建设发展,中央纲领性文件及配套文件陆续出台,形成了党管智库、导向正确的优良发展局面。习近平总书记的一系列重要论述、指示、批示,以前瞻视野为新型智库建设指明方向,同时,中办、国办、教育部、民政部等国家部委以及上海、江苏、山东等地方政府均出台智库管理方面的文件。另一方面,2021年以来,尤其是党的二十大以来,我国正处于基本实现社会主义现代化的重要战略机遇期,党和国家对决策咨询的巨大需求倒逼中国新型智库持续稳定产出高质量咨政成果,而高校智库作为我国新型智库的重要力量,体制机制相对灵活而稳定,比其他类型的智库更容易形成高质量发展趋势,进而能够充分发挥高校学科齐全、人才密集和对外交流广泛的优势,在智库建设方面不断创新探索。

可以肯定的是,未来中国高校智库的理想形态,应该是高校教学科研之外的第三极,是高校服务经济社会发展的驱动器、润滑剂、主力军,也是社会促进高校发展的旋转门、大平台。高校智库应当发掘思想潜力、提升协同能力、完善保障体系、增强风险防范能力,向着高站位、高质量、高水平、高效益、高能级的中国特色新型高校智库进发。

(二)高校智库高质量发展的具体实践

1. 完善制度建设,保障智库高质量运转

各高校坚持以习近平总书记关于中国特色新型智库建设的重要指示精神为指引,高度重视智库建设工作,成立智库工作领导小组、智库工作委员会、智库专家委员会、学校智库联盟和矩阵等,实施智库提升计划,不断完善智库工作的组织制度,统筹校内各类智库的建设和发展,打造富有学校特色的圈层式高水平新型智库体系。积极响应党和国家重大需求,将智库决策信息报送作为智库工作的重中之重。出台相关制度文件,引导和鼓励校内各领域专家学者深度参与咨政建言工作,在全校范围内组织开展信息与智库专家推荐工作等。开展有组织的智库研究,作为有组织科研的重要组成部分,鼓励院系、各类研究基地和研究机构等将提升咨政服务能力作为重要的发展任务。

高校会同地方教育行政部门努力探索建立以社会投入为主、政府积极支持的高校社科和智库发展基金,推行成果购买制,激发社科工作者咨政研究动力;研究政策支持与激励机制,吸引社会资金投入,创新基金经费灵活管理使用方式,提高基金使用的针对性、规范性和灵活性。高校也通过设立各种形式的智库建设专项经费和相关科研项目支持,积极筹措经费,加大对智库工作的支持力度。高校还注重培养智库自身的造血功能,鼓励智库充分借鉴国外优秀智库经费制度的成熟经验,通过提供咨询服务、开展业务培训等方式,积极拓展经费来源渠道。

坚持"请进来"和"派出去"相结合,推动政府部门、智库和企业之间人才的有序流动,建好人才培养的"旋转门"和"蓄水池"。多数高校已逐步探索建立校级智库岗位职称与智库人才职称评价体系,为智库研究人员的职业发展开辟渠道;探索建立一支年龄结构合理、学科背景多元的高校智库人才队伍;通过多维评价体系遴选确定多名高校专家学者,组建高校智库专家库。

各高校依据自身特色资源,拓展服务报送渠道,推动校内智库承接长期和稳定的研究或国际合作交流任务,形成重大选题研商机制,迅速上报研究成果,较快响应国家的最新要求。不断拓展与中央部委和地方各级政府部门的合作形式与方法,为政府决策部门的工作部署提供智力支持和重要参考。出台关于智库咨政服务研究的专项管理办法,对于获批示、被采纳的咨政成果给予后期资助,以各种形式将咨政成果纳入科研奖励范围予以认可。

聚焦重大需求优化团队建设,为咨政工作提供人才支撑。汇聚全国高校力量、贡献高校智慧离不开高端优质的专家学者团队。在自主知识体系建构过程中,高校依托学科优势,整合优质资源,推动不同学科学者之间的沟通交流,培养造就了若干活跃在国际学术前沿、满足国家重大战略需求的领军人才,并形成了聚集顶尖专家学者、党政部门管理人员等多元来源的创新团队体系。结合实际梳理重大需求清单,通过招标与委托相结合的方式,组建起一批中青年为主、文理交叉多学科交融的复合型、高水平学科创新团队,以问题导向开展长周期研究,培育新的学科增长点,努力在研究解决事关党和国家全局性、根本性、关键性的重大问题上拿出真本事、取得好成果。

2. 以学科滋养智库,不断提高咨政水平

立足中国经验建构原创理论,为咨政工作提供理论工具。基于中国经济社会发展实际情况,为"中国之路、中国之治、中国之理"提供具有创造性和解释力的叙事逻辑和理论框架,推动"西天取经"式的研究转换为立足中国的自主理论创新。例如,在经济学领域注重探讨中国和其他发展中国家在经济发展与转型期的成败经验,分析背后的因果机制,并形成系统化理论;在政治学领域注重深挖全过程人民民主等政治理念,深入分析其相对于西方资本主义民主模式的优越性和先进性。既有经验的创造性总结有助于合理定位当代中国在历史进程中的位置,理解诸多社会现象和问题产生的历史根源及发展脉络,从而更好地把握咨政工作重点。

立足特色学科,启动研究专项。高校立足中央重大战略工作部署,结合所在地区的发展战略,依据自身学科分布情况和实力水平,针对性地布局经济学、政治学、法学、新闻传播学等应用实践性较强的学科,不断以学术发展促进咨政服务,以咨政服务推动学术发展,打造两者彼此依赖、相互成就的正向循环。围绕国家和地方经济社会改革与发展中的"热点""难点"问题启动专项研究,在转变政府治理理念及经济发展方式、发展优势特色产业、推动创业文化、保障改善民生、创新社会管理服务和文化建设等方面强化实用性对策研究,不断推出有深度、有高度、可落实、可持续的咨政建议。

强调学科交叉,满足智库研究解决复杂问题所需。综合性高校积极建立相关平台,集合全校文理医工知名学者,开展交叉研究,探索解决学科和社会发展前沿问题。针对重点战略领域和新兴科学领域,倡导跨学科研究团队的深入交流合作,组建联合攻关创新团队和新型实验室。通过项目带动,强化复合型学科群建设,面向人工智能、计算社会科学、数字人文研究、社会仿真模拟等社会热点话题,不断拓展新的领域,培育新的哲学社会科学增长点,为政府决策提供理解复杂社会现实的理论模型。部分高校管理专业方向借助理工学科资源,在强化管理基础理论方法的同时,尝试在企业数字化转型、双碳管理、乡村振兴和生命健康等国家重大战略需求领域投入资源,引领学科研究范式创新;新闻传播专业方向密切关注"大数据""云计算"等前沿技术,将新闻传播学、计算机科学和网络空间安全理论等结合起来,对当下的社会结构和媒介现象做出新的有力解释。

强调数据驱动研究,遵从决策咨询工作的循证逻辑。人工智能、数据科学技术的应用,使科学研究得以创新开展,从而更好地揭示社会发展的隐藏机制和未来趋势,决策咨询工作也因此能突破传统经验研究的限制,通过获得尽可能全面、客观的数据作为决策依据,实现科学研究与政府决策的协同和耦合。高校在传统哲学社会科学研究模式下引入数智化手段,设立哲学社会科学数智化研究基地,开辟哲学社会科学智算平台赛道,横向建设算力、算法、数据等基础设施和平台,纵向建设各类哲学社会科学数智化产品线,推动从科研到应用的全链条能级提升,并通过"融咨政"研究范式创新,推动文社理工医科融合,开拓决策咨询服务新空间。

3. 注重品牌效应,扩大话语传播力和影响力

围绕国家战略开展专题调研,为咨政工作做好谋篇布局。全面落实"立足中国、借鉴国外,挖掘历史、把握当代,关怀人类、面向未来"的总体思路,坚持国家战略需求牵引,聚焦中国社会发展过程中的重大问题,积极开展有组织、有计划、专题式的调查研究,不断拓展咨政报告的论证深度和广度。例如,围绕"一带一路"倡议,开展沿线地区国家和地区的历史文化研究,从历史学的角度诠释倡议的文化内涵和历史意义;围绕"乡村振兴"战略,组建师生团队深入农村倾听农民声音,真实描述乡村发展面临的现实困境并进行深入学理分析。

写好各类智库报告和专著,建构中国话语。高校着力发挥高端智库的引领带动作用,大力推进实体研究机构建设,逐渐形成品牌效应。对标党中央和国务院关于建设中国特色新型智库的相关要求,以战略问题和公共政策为主要研究对象,以服务党和政府科学民主依法决策为宗旨,加快建设教材、手册、论文、著作、政策咨询报告和数据库等多元成果体系。凝练富有特色的智库品牌,推行有组织、成体系的智库发布报告,定期开展智库成果发布会。积极打造建设一批数据库,参与撰写一批白皮书,为相关学科发展的评价体系和行业标准的建立完善贡献高校智库声音。综合实践导向和理论特征,提出具有原创性和创造性的理论,如新结构经济学、国家发展动力理论等。

办好各类智库沙龙和讲坛,讲好中国故事。高校注重建立完善自身的智库品牌形象,带动高校社会服务能力的整体提升。通过定期主

办特色沙龙和讲坛,组织权威专家从各自不同学科、领域的视角,围绕党和国家重大战略和社会发展重要议题进行深度解读。通过举办论坛、研讨会、周期性产品或重大成果的发布会等,吸引社会公众、媒体的关注,引起政府决策部门的重视,进一步彰显智库的综合影响力。部分高校还结合自身学科特色,针对边疆学、海洋战略等特殊学科领域和战略领域组织学术会议和学术论坛,为国家安全和外交战略建言献策。

4. 坚持多维并举的综合建设,形成立体支撑体系

在服务范围方面,坚持地方、中央和国际并重。既对焦国家和地方发展的重大战略需求,又努力提升智库对外发声能力,不断扩大我国在全球范围的影响力和话语权。一方面,结合党的二十大精神,对标中央和地方的系列重要政策精神,遴选智库议题,既强调在中国式现代化、人类文明新形态、中华民族共同体意识等宏大话题上创新叙事逻辑,又致力于在地方产业发展、卫生健康政策、教育资源升级、新闻媒体转型等具体议题上提出切实可行的政策建议;另一方面,积极参与重要战略领域的国际政策对话文件研究编制,积极拓展学术交流平台和学术创新平台的国际影响力,为增进全人类福祉提供学术支撑和政策建议,进一步加强与相关国家合作关系,争取相关领域的更多合作伙伴,有效链接国际网络,助力人类命运共同体建设。

在功能发挥方面,坚持教育、科研和咨政并举。高校高度重视智库综合功能建设,依托相关学科资源,同时推进教育教学工作和学术科研工作。例如,整合法学、应用经济学、工商管理和教育学等专业,在研究院内部设立交叉学科,完成硕士研究生和博士研究生的单独招生。部分高校广泛动员智库研究系列教师参与博士生、本科生社会实践等项

八、多元与融合——高校智库进入高质量发展阶段

目的指导工作,取得良好效果;积极推动将长期政策研究成果和积累向教育教学素材转化,导入课堂,开设智库课程;培养具有良好哲学社会科学素养、多元学科知识背景、敏锐深刻关切现实的未来人才,为智库机构的科研工作和咨政工作注入新的动力和活力;通过校企校政校社等多渠道合作培养、课程体系改革、人才对外交流等途径,满足科学发展和人才培养模式变革的需求。

在合作交流方面,坚持高校、政府、产业并进。高校有意识地探索省校共建模式,探索省地和部属高校共建国家级智库的新机制新模式,例如与地方人民政府和管委会联合共建研究院,立足更广阔的研究视角,借助更丰富的研究资源,针对地方发展的独特环境展开调查研究,为决策咨询提供更加有力的支撑。探索建立"高校—智库—政府"的联动合作模式,从机构设置、数据共享、成果转换与评价、人员流动等方面入手,形成有效的协同发展和治理机制。此外,部分高校积极对接科大讯飞和中国联通等公司,共建创新联合实验室,推动科研组织模式和研究范式创新,从"产学研"合作向"政产学研用"深度协同进一步转变。

5. 着眼长远发展,进一步增强智库服务能级

在全新的历史方位下,在中国式现代化的新征程上,高校将不忘初心,牢记使命,继续推动中国特色新型智库担负新使命、实现新跨越。一方面,强化智库内部治理能力,建立健全适应现代智库发展规律的组织形式和管理方式,充分激发智库的内在活力和内生动力;另一方面,提升智库外部治理水平,将智库服务能力提升与中国特色哲学社会科学体系的发展结合起来,更好服务党和国家重大战略工作。

促进政智互动,健全供需对接机制。推动决策部门重视智库、信任

智库、善用智库，构建经常化、制度化的互动交流和沟通对话机制，主动把智库运行嵌入决策环节。例如，推动决策部门将征询智库专家意见纳入重大决策流程，建立党委和政府决策、智库研究与社会实践高效互动的决策咨询服务供给体系；建立健全由智库首席专家或骨干专家组成的决策咨询委员会和若干专业委员会，按照有关规定及法律程序参与党委政府重大决策；在举行重要会议时设立智库专家席，增强智库专家研究的方向感和代入感，为高端智库嵌入决策程序提供制度化渠道。

优化投入保障，健全资金投入机制。既要加大党委政府对新型智库建设的资金支持力度，又要增强新型智库的自运营能力，优化智库的自我造血功能和可持续发展能力，推动建立多元化、多渠道、多层次的投入体系。坚持智库分类管理，对于国家重大战略研究，明确政府投入的主体地位；对于竞争性的决策咨询研究，鼓励社会资金参与投入；对于各级政府支持建设的重点智库，逐步将固定数量的资金扶持调整为差别化的项目支持。建立健全与智库产品产出规律相适应的政府购买决策咨询服务制度，探索实行智库成果购买制，通过逐步建立多元化、多层次的智库产品供给市场，引导新型智库在合作中开展竞争，在竞争中加强合作。

畅通交流渠道，健全人才发展机制。建立健全智库人才培养链，形成开放、竞争、流动的智库人才格局。探索完善中国式"旋转门"机制，吸引具有丰富决策咨询经验的人员进入智库，推荐优秀智库专家和人才到党政部门工作，形成正向双循环流动机制。推动智库专家到政府部门挂职及参加国情、省情研修活动，在各级党校设立智库专题培训班，提升智库人员的政治能力和职业素养，让更多技术专家和学术大家思考政策和战略层面问题，培养大批政策工程师、政策设计师和政策科学家。加强智库类人才培养，完善智库方向研究生选拔培养机制。培养具有家国情怀和全球视野的世界一流智库专家,在世界舞台上发出中国声音。

加强科学引导,健全社会促进机制。在智库绩效综合评估中进一步提高决策者评价的权重,加强对智库举办的各类活动的规范管理,加强对以智库名义举办的各类论坛、研讨会和培训等活动的规范管理。对于智库发布的研究报告、蓝皮书等成果,要规范程序、提高质量,增强公信力和影响力。在坚持党管智库和中国特色社会主义大方向的同时,应鼓励智库大胆探索、切磋争鸣。要在全社会形成关心智库、支持智库的良好氛围,让中国特色新型智库的发展既有激情和速度,更有质量和温度,在新征程上发挥更加重要的作用。

(三) 2021年以来国内高校智库研究综述

2021年以来,学界对于国内高校智库的研究有所推进。其中,一类学者侧重于对国内高校智库的整体发展状况进行分析,阐释其定位,分析其优劣,并在此基础上进一步提出发展建议;另一类学者则着重于对国内高校智库的特定面向或局部功能进行研究,探讨其优劣并提出建议。

1. 对高校智库整体发展状况的研究分析

(1) 在定位与特征方面。相关研究指出,国内高校具有决策咨询、理论创新、舆论引导、社会服务等功能;同时除却高校智库具备客观性、非营利性、现实性这三个智库最基本的特征以外,还具有天然的意识形态属性。对于前者,张春华等学者指出,高校智库能力体系要素分为基础能力、情报能力、成果产出和创新能力、政治能力和服务能力。对于后者,部分学者强调了高校的意识形态属性与政治性。如黄昊、吕雅等学者援引党的十九大报告,指出其中对中国特色新型智库发展的定位是"马克思主义理论研究和构建中国特色哲学社会科学的主要阵地",即智库天然具备意识形态属性。陈妹等学者同样指出,高校明确服务于党、政府部门,高校智库的政治特性显著。邓睿指出,根据2011—2020年CSSCI收录文献的知识图谱分析,学者关于智库发展与建设中问题的总体基调为必须坚持马克思主义的指导地位,扎根中国大地,致力建设"最懂中国"的世界一流高校智库。

(2) 在成果、困境与建议方面。相关研究指出,国内高校智库建设的成果及优势主要在于服务性与功能性较强,基础力量雄厚等。相比之下,更多学者更侧重于分析国内高校智库建设的不足与困境,包括但不限于发展定位存在偏差、数量领域分布不均、组织形式相对稚嫩、人才培养后劲不足、研究偏好集中、研究成果转化困难、政府采纳率低、信息意识相对缺乏、传播影响力较小。在此基础上,各学者对国内高校智库建设的具体措施建议,主要集中在加强特定问题领域的机制化建设,完善信息与情报体系,增强高校智库的客观性等方面。

具体来说,就成果而言,韩凝春等学者根据"中国智库索引"(CTTI)所收录的智库信息和宾夕法尼亚大学"智库研究项目"(TTCSP)等相关专业研究,指出国内高校智库具有既有集聚效应显著、为区域社会经济和文化发展服务性强等优势。赵宁等学者指出,我国高校智库的优势有专家人员优势、情报资源优势。张春华等学者则在高校智库能力体系要素的基础上指出,相对于情报能力与成果产出,高校智库的基础能力雄厚。

就困境与不足而言,在数量分布问题上,陈妹等学者分析指出,研究产业政策、金融政策领域的高校智库数量明显较多,相比之下,研究社会建设与社会政策和司法政策的高校智库数量相对较少。在成果转化方面,宋悦华等学者引入知识动员理论框架,提出高校智库成果转化过程中存在应用型成果不足、智库成果界定模糊、缺乏营销意识、决策部门未能有效传递政策需求以及制度供给不足等问题。亦不乏学者从各类视角出发,对我国智库的困境进行了综合概述。如张清忠等学者从基于新制度主义的视角指出,当前我国高校智库建设存在着理性选择导致主题利益冲突、权力的非对称分布导致组织与学科专业权力冲突、合法性机制引起多元文化碰撞等困境。赵宁等学者指出,国内高校智库存在着质量不高、话语权不够、内外部环境致使高校智库运行不灵活、成果转化服务力弱、传播影响力小、协同融合少、运行效率低的问题。沈凌等学者指出,高校智库存在媒体认可度普遍较低、人员构成过于单一、咨询报告采纳率低等问题,此外,大量龙头院校增补建设高校智库,但普通高校乃至高职高专的智库产出很低甚至"挂名存在",无论在研究偏好还是在智库产出成果上会形成马太效应,不利于智库在普通高校的发展和在地区的均衡发展。邓睿指出,根据 2011—2020 CSSCI 收录文献的知识图谱分析,学者普遍认为高校智库建设存在封闭性、功利性、趋同性等惰性特征。

就建议与措施而言,不少学者对增强高校智库的客观性提出了具体路径建议。如孙中清等学者建议高校智库实现"管办分离",推动有条件的高校智库成为独立法人,从组织上保证不受院系的行政干扰;增加财政独立性,以增加间接拨款、政府补贴等形式,使智库拥有财务自治权,但政府不能干预研究结论;建立政策分析的市场机制,高校智库可与委托单位直接签订服务合同,真正成为主体等。黄清子等学者则从高校智库的二位独立性入手,提出加强"旋转门"机制、创新合作机制有助于打造其低政府客观性,完善"小机构+大网络"有利于打造其低隶属高校客观性。沈凌等学者提出要增强校际协同发展，高校内部建立"小智库群"避免课题申请唯一性和信息差，同时在相关领域增强校际、校企、校政联系，同时需要掌握"流量密码"，定期与外界媒体联络，形成"中国特色"的智库媒体圈。此外，就整体性建立而言，李天丽等学者从解决举旗定向、深耕优势、盘活"外脑"、转化成果、开放视野等五个方面提出建设中国特色高校智库的改革思路。赵宁等学者从资源要素、组织要素、产业模式三个方面提出协同建设面向智库产品价值共创的情报体系的建议，并从资源管理机制、协同运行机制、成果评价推广转化机制三个方面提出了优化高校智库建设运行的保障机制建议。陈子慧等学者则基于案例分析，指出高校智库应该围绕重视线上平台建设、扩大数据库的开放程度、吸收学生参与智库工作、提升研究成果质量四个方面来推动智库建设。

另有学者对国内高校智库的评价体系建设进行了阐述。如郭瑞等学者通过问卷调研与因子分析，形成了高校智库评价的"智库投入及平台建设因子""智库政府和社会影响力因子""智库对外合作交流因子""智库学术生产力因子"四个公因子的指标体系。任恒等学者基于"投入—产出"理论，为更好发挥评价在智库发展中的激励、监督、导向功能，构建了研判选题能力、数据处理能力、成果产出能力、成果传播转化能力四个一级指标，以及更为详尽的二级指标来构建智库绩效评价体系。

2. 对高校智库特定面向或局部功能的研究分析

专家学者对于高校智库的特定面向进行了研究，包括但不限于国内高校智库在经济方面对区域发展的影响，在教育方面对学术研究、思政教育及学校建设的影响，在政策方面对决策咨询的影响，以及在社会方面新技术的发展对其产生的影响。

(1)在高校智库与区域发展深度融合的问题方面。陈伟等学者提出,地方高校智库建设在区域协同创新视角下的优势是区位优势明显、学科特色鲜明、平台优势显著。王霞等学者则着眼于高校智库融入粤港澳大湾区发展的有效路径,在参考旧金山湾区高校智库建设的基础上提出,应推动研究型大学智库与科技创新的互动、应用性大学智库与产业技术创新的互动,发挥湾区制度创新优势,推动粤港澳高校智库协同发展,并发挥湾区资源集聚效应,整合高校智库与区域发展资源。余晖等学者认为粤港澳大湾区信息流通性差,共建、共享数据库能有效改变大湾区智库"数据孤岛"效应。郭丛斌等学者指出,基于京津冀协同发展背景下成立的高校智库经验,在智库成果培育和转化过程中,要精准把握和聚焦其实践共性、开放特性、时代属性,学术共性决定了高校智库"能够生产出智库成果",实践共性、开放特性、时代属性决定了高校智库"生产出什么样的智库成果"。要努力形成"成果集＞应用集"的状态目标,这有利于保持相对客观,延续自身发展理念和价值定位。

(2)在教育与学术问题方面。黄昊、吕雅等学者强调其思政教育引领功能,指出高校智库能有效提升高校思想政治教育的全面性、亲和力和有效性,从加强顶层设计、加强教师思政、提升智库对青年的影响力,推行智库外交,融合"服""管""育"等方面可打造作为思想政治教育阵地的高校智库。周石等学者强调高校智库研究与学术研究的融合,认为其融合方面主要为议题及方法、人才及评价,并在此基础上指出相关方应在转化服务、渠道服务、资源保障服务上有所作为。吴海波等学者强调其对于"双一流"建设的作用,指出高校智库不仅是"双一流"建设的内在要求,同时也是完善"双一流"建设目标、明确"双一流"建设途径和强化"双一流"建设成效的必然选择,为此高校新型智库应该在明确自身功能定位、确立服务方向的前提下,以"瞭望者""参与者""监督者"和"评估者"身份,为"双一流"建设提供多层次、全方位的优质服务。戴栗军认为,应构建以学科为耦合介质的多元一体的治理模型,并在外部关系上聚焦学术性与社会性的平衡、在内部关系上聚焦学科性与跨学科性平衡、在评价体系上聚焦社会评价与同行评价的平衡。

(3)在政策方面的决策咨询问题方面。王逸腾等学者从研究成果生产、促进转化调节、知识运用实践、多项互动的知识动员网络四个方面进行分析,指出当前决策咨询实践者与研究生产者并未建立双向机制,决策咨询实践者与研究生产者之间知识成果传输存在阻塞,高校智库组织支撑体系尚未完善,并在知识驱动、协调转化、制度支撑方面提出了对策和建议。黄清子等学者指出为了打造智库的低政府客观性,高校智库需要完善"旋转门"机制,在公务员人事制度改革中考虑留出"旋转门"通道。为了打造智库的低隶属高校客观性,需要完善小机构+大网络机制。在小机构方面,建设专职科研队伍;在大网络方面,建立跨学科矩阵结构。

(4)在社会层面新技术发展对其产生的影响问题方面。孙菲等学者探析了融媒时代给新型高校智库发展带来的挑战,提出了"学者+记者""资源+数据"的智库研究创新方法,指明了研究热点与政府需求相结合、人才培养与多元应用情境相结合的智库人才培养路径。李海燕等学者则对大数据时代下高校智库的新内涵进行了阐述,即以数据信息建设为核心,以大数据和大数据技术为研究资源和工具,创新研究范式和运行管理机制。许悦指出,大数据技术是推动高校智库参与政府决策改革与行动不可避免的趋势。作为新型治理工具,数据驱动成为提升高校智库参与决策效度的新动能,有助于高校智库精准识别政府部门的决策需求、精准开展研究、精准实现成果转化。

（四）中国特色新型高校智库的未来发展目标及建议举措

1. 发展目标：高站位、高质量、高水平、高效益、高能级

（1）高站位。建设与社会主义现代化国家匹配的一流高校智库集群。高校智库要狠抓"双一流"契机，紧紧围绕国家战略和对外交流合作的需要，积极培育具有全球视野、家国情怀、高校特色的一流智库，主动融入全球治理格局，在纷繁杂乱的全球格局中发出中国声音、高校声音，提升国际话语权，主张和维护国家利益。

（2）高质量。建设信得过、靠得住、用得上、离不开的"最强大脑"。高校智库建设应把产出高质量成果作为智库建设的生命线，加强前瞻性思考和全局性谋划，以党和人民的发展需要为中心，全面、辩证、长远地审视国家和区域经济社会发展遭遇的挑战，破解高质量发展的难题，准确把握客观世界本质和规律，提出能够系统性、整体性解决新发展阶段相关难点热点问题的战略战术，真正成为党和政府信得过、靠得住、用得上、离不开的"最强大脑"。

（3）高水平。建设过程中准确识变、科学应变、主动求变。高校智库要深刻认识错综复杂的国际环境变化对国家在政治、经济等各方面发展带来的挑战和机遇，从"任务中心型"向"任务能力型"转变。在这一过程中，"准确识变"要求深刻领悟百年未有之大变局，在统筹国内、国际两个大局的前提下，科学分析形势、看清变局本质、把握发展大势，提升危中寻机、化危为机的能力；"科学应变"要求坚持以辩证思维看待新发展格局当中的新机遇、新挑战，增强智库研究的战略性和系统性，

坚持从现象看本质、从问题看发展、从局部看全局,解决主要矛盾和关键问题;"主动应变"要求坚持以科技创新催生新发展动能,以深化改革激发新发展活力,以高水平开放打造国际竞争优势,使智库能够沉稳应对变局、开拓新局。

(4)高效益。全面提升智库建言的政治效益和经济价值。高校智库应进入提质增效阶段,切实把建设的重点放在提升智库效能上。提升智库建言的政治效益,强调进一步提升智库在理论创新、舆论引导和公共外交中的职能发挥,将中国特色社会主义的实践凝练总结为中国哲学社会科学的理论成果,廓清束缚实践发展的迷雾,有效回答时代之问、人民之问,从讲好中国故事转向回应国际关切、讲好中国故事,传播新思想、新声音。提升智库建言的经济价值,强调高度关注智库成果转化机制建设,让智库真正融入党政部门的决策流程,充分介入政策制定的前端程序、中期评估和后期完善的决策程序,使智库思想能够切实转换为党和政府的科学民主决策,使智库成果能够切实转换为现实生产力,使高质量的智库成果经得住政策论证和各类市场主体的检验,切实服务经济社会发展。

(5)高能级。打造中国特色新型智库建设的高校集群。以国家布局和市场选择为基准,推动不同地区和类型智库的合理分工和有效协作,促进高水平、复合型、多功能智库体系的建设与发展,使高校智库在资源共享的前提下实现错位竞争,不断完善智库结构的多元化和专业性,实现新型高校智库集群向布局合理、定位精准、错位竞争、功能完善、活力充沛、有机协同的跨越式发展。

2. 具体举措建议:出思想、彰特色、育人才、扩影响、强治理

(1)出思想。化高校智库思想潜力为思想实力。紧密围绕党和政府决策亟须解决的重大课题,开展"有组织的科研",推动高校智库开展

重大项目的联合攻关研究,建立跨智库的合作研究体系,使不同智库能够立足政府的实际需要,发挥各自的研究长处,最短时间推动从智库思想到政府决策、产业应用的落地实践。化智库思想潜力为智库思想实力的另一个关键是兼顾中长期战略研究和突发性应急性研究,创新研究方法,突破传统哲学社会科学在现实观察中的空间局限和时间局限,充分利用大数据技术、人工智能技术等,开展对社会现实的有效预测和精准模拟,通过参数调整实现国家战略和政策的现实模拟和仿真实验,实现智库成果的动态化、前置化、智能化和社会领域全覆盖。

(2)彰特色。文理医工全覆盖的智库策源。我国高校智库既包括能够研究大战略的综合性智库,也包含小切口的特色型智库,紧紧围绕"五位一体"布局实现政治、经济、社会、文化和生态等领域的全覆盖。高校在学科领域布局方面拥有全方位优势,传统的智库研究主要集中在社会科学领域,人文、自然科学、医学等学科潜力尚未发挥。在人文学科方面,可以从文化、历史、思潮、理论等角度为中国理论的形成贡献力量;在理工科领域,可以进一步思考如何通过基础学科建设和高端科技开发对抗高科技领域西方世界对我国"卡脖子""卡脑子"的诸多设限;在医科领域,可以新冠疫情防控为起点,为构建强大的公共卫生体系、织密织牢公共卫生防护网提供"高校方案"和"高校智慧",真正让智库与学术、科研之间形成互补、互利、共赢的局面,让更多承担智库功能的实体和虚体机构融入上海新型智库体系当中。

(3)育人才。完善高校智库高端人才队伍建设与培育。高校智库建设的核心在人,只有充足的智库人才蓄水池才能保证智库建设的可持续发展。智库人才既包括传统的领军人物、中坚研究队伍,还包括专业的智库运营队伍,应根据不同智库人才的特性,建立不同的评价标准,提升智库领军人物的管理水平,增强智库研究团队的梯队建设,促进智库运营团队的专业化和职业化。建立符合智库专业性与跨学科特点的独立人才职称评定体系,突破智库人才无法晋升、难以晋升、必须破格晋升的现实约束,在专业技术职务评审中探索智库人才的专项序列,兼顾研究基础和智库特色,保障高水平智库人才的健康发展。完善"旋转门"机制,实现智库人才与政府人才的双向流动,减少智库与政府的壁垒,解决政府部门和智库机构的信息差。推出智库博士后工作站,培养重点智库人才的青年梯队。

(4) 扩影响。全球治理中发出自信的"中国声音"。高校智库要以全球化的视野构建具有兼容性、公信力、多元化的国际议题朋友圈。充分利用中国大学智库论坛、北京论坛、上海论坛等已深耕细作的高校品牌项目,坚定不移地以开放、自信的姿态团结知华友华亲华的国际人士,紧密围绕高校及其智库成熟的国际智库交往平台,为国内外各类主体构建共同发声的沟通平台,建立起具有中国特色的国际智库交流圈。要不断丰富智库国际交往的主体,扩大对外传播的范围,改变哲学社会科学智库进行对外传播的既有刻板印象,发挥理科、医科、工科的国际交流优势,全方位全领域地讲好中国故事,特别重视将科技硬实力与文化软实力的有机结合,践行人文外交,形成智库合力,讲好中国故事,积极参与全球治理。

(5) 强治理。坚定不移走开放办智库的专业化发展道路,提升治理现代化水平。高校智库要探索发挥顶层设计优势,形成"竞争"与"规制"相辅相成的智库市场,以开放办智库为宗旨,创新不同类型智库的体制机制。

一是成果认定。推动分类评价改革,突出"成果导向"和"实际贡献"导向,拓展智库参与决策咨询的形式。改变"唯批示论"的单一倾向,将促进产学研用、服务国家和地方社会经济发展的多元成果纳入智库评价体系。探索决策咨询代表作制,重视智库服务国家决策和市场主体的能力,将智库参与政策文件制定、推动政策落地纳入重要的考评指标。建立以用户评价为基础,同行评价、第三方评价机制为重要组成部分的分类评价机制,对上海市新型智库建设成效进行科学评估,推动实现智库建设体系的动态调整和及时补位。

二是经费使用。在各智库中试点探索市场化运营模式,可以考虑借鉴江苏"两块牌子"合署办公的经验,增强智库责任单位的自主权和自决权,给智库灵活自主运营提供政策空间。效仿国家高端智库理事会"积极推行智库基金制,推动智库通过政府购买服务、社会公益捐赠等途径,多元化渠道筹措经费,推动建立基金制度",鼓励智库自我造血。设立鼓励中长期深度政策研究的项目和经费发放机制,赋予智库部分柔性经费使用自主权,建立智库经费使用"负面清单"。加强高层次人才引进和薪酬奖励力度,最大限度调动各方积极性。探索智库成果后认定和后购买的模式,培育孵化具有决策咨询潜力的重点项目。

三是数据共享。推动探索政府数据与智库共享机制,同时建立起智库行业内部的数据共享边界和规则,改变智库数据库的重复低效建设。鼓励数据分析和调查研究相结合,使决策咨询成果兼具科学性和鲜活性。鼓励智库将数据库应用辐射到产业,助力经济社会发展。

(作者系复旦发展研究院副院长　黄昊)

九、全球科技创新智库研究述评

2021—2023 年,受新冠疫情和乌克兰危机的叠加影响,国际局势愈加复杂,世界经济艰难复苏,气候、环境等人类共同面临的危机得到了越来越多的关注。在此背景下,科技的创新和发展对全球抗疫、应对共同挑战乃至世界政治经济走向都有着关键性的影响,与科技创新有关的议题也成为全球智库的研究热点。本部分试图扫描 2021—2023 年全球主要科技创新智库的研究动向,对其相关研究成果和主要观点进行梳理和评述。

(一)国外智库研究概述

本部分重点分析美国信息技术与创新基金会(ITIF)、美国布鲁金斯学会、新美国安全中心(CNAS)、美国战略与国际问题研究中心(CSIS)、德国弗朗霍夫协会系统与创新研究所(Fraunhofer ISI)、加拿大国际治理创新中心(CIGI)、韩国科学技术政策研究院(STEPI)等智库在 2021—2023 年发布的千余篇与创新相关的研究报告,发现无论是科技创新领域,还是社会经济领域,乃至地缘政治、国际关系领域,"科技"和"创新"都是重要的关键词,归纳起来主要涉及五个方面的议题。

1. 科技创新政策议题

科技创新政策一直是各大科技智库最为关注的议题,其研究视角从本国的科技创新战略到地区和全球的政策协调与发展,涉及创新政策理论、政策框架体系的构建,以及研发投入、人才政策、企业支持等具体政策措施。

2. 高新技术产业和前沿科技发展与治理议题

当今各国在科技领域的竞争主要集中于高科技特别是前沿科技领域。除了技术研发之外,如何通过推动高新技术的产业化驱动经济发展,以及如何应对高科技尤其是前沿技术的飞速发展和应用所带来的安全、隐私、伦理等一系列问题,是各智库十分关心的问题,也是最为集中的研究领域之一。其中既有对集成电路、人工智能、信息产业、工业自动化等高新技术产业发展的研究,也有对量子计算、虚拟现实等前沿技术治理和应用的研究。

3. 数字经济发展议题

数字技术的飞速发展为数字驱动创新提供了绝佳的技术环境,全球经济的疲软态势加上新冠疫情的影响,使得经济的数字化转型成为一种必然趋势。2021—2023年各智库有大量研究报告围绕这一主题,涉及数字经济发展的各个方面,包括数字基础设施建设、数字创新战略、跨境数据流动、数字政务、数字经济中的消费者福利和劳动者数字技能提升等。

4. 可持续发展议题

可持续发展作为一个世界性的发展主题,已成为各智库的重要研究领域,有的智库(如德国弗朗霍夫协会系统与创新研究所)全年近半数研究报告涉及该领域。主要研究主题包括能源创新、低碳经济和可持续治理等方面。

5. 中美科技竞争议题

中美关系是当今世界局势的重要决定性因素之一,不仅美国智库十分关注中美竞争议题,全球各大洲的智库均对此颇为关注。围绕中美之间在高科技领域的技术与产业竞争,以及地缘政治等主题,美国智库基本着眼于将中国作为战略竞争对手,从各个角度研究如何保持美国对全球科技的领先地位,防范和遏制中国的发展,其他国家的智库则主要站在第三方立场进行观察和分析。

(二)研究动向与主要观点

1. 科技创新政策议题

创新政策议题下,全球主要科技智库的研究视角显得非常多样化,既包括政策目标、政策类型等创新政策理论研究,也包括对一国创新政策体系的构建和完善,以及如何增加研发财政投入,支持关键领域技术创新、平衡大企业和小企业发展等具体问题的探讨。

(1)创新政策理论方面。德国弗朗霍夫协会系统与创新研究所(Fraunhofer ISI)提出了对创新政策目标的匡正和"技术主权"概念的辨析。对前者，Fraunhofer ISI 认为，创新政策的传统理论基础已经扩大到更明确地为应对社会挑战做出贡献，现代创新政策应以经济竞争力和社会进步为目标，以实现创新政策措施的敏捷性、参与性和包容性；对后者，Fraunhofer ISI 认为，近年来，全球日益加剧的技术竞争越来越与不同政治和价值体系联系在一起。在此背景下，技术主权应被视为一种政府行为的主权，而不是某种领土主权。未来的政策必须在主权和开放之间建立一个动态平衡，既要保证自身技术的合法利益，也要防止自给自足和保护主义所带来的危险。经济合作与发展组织(OECD)研究不同类型的创新政策如何设计、实施并发挥效用。OECD 重点研究了任务导向型创新政策和支持高风险高回报研究的政策两类。OECD 认为，任务导向型创新政策具有明确的政策目标、一致的整体安排、有效的干预措施等特征，作为一种新型的系统干预措施，已被越来越多的国家采用，以应对日益严峻的社会挑战，并通过政策组合综合实施。高风险高回报的研究旨在解决科学技术或社会重大挑战，同时具有高度的回报预期和失败风险。近年来许多国家的研究资助程序逐渐变得保守，偏向鼓励渐进式科技进步。对于高风险高回报研究的资助没有统一的工具，最有效的方法是因地制宜，政府、研究资助者和研究执行机构应采取协同行动促进高风险高回报研究。

（2）国家创新政策体系的构建和完善方面。美国智库的研究最为集中。美国信息技术与创新基金会(ITIF)认为，美国必须从根本上建立新的、安全与繁荣的国家创新体系。美国创新体系必须最大限度地利用三个最重要的资本来源：人才、智力资本和金融资本。政策制定者需要重视产业结构布局，促进关键技术发展，减少对创新的限制，为提高创新竞争力提供更多的资金、税收、人才（尤其是 STEM 人才）等支持。为此，应建立一个新的国家战略技术机构，例如由领导人和专家组成的国家竞争力委员会,制定和实施统一的政策并为政府提供建议。新美国安全中心(CNAS)认为,美国正在引领一种既依赖传统军事实力,又以技术创新的影响为核心的新型大国竞争范式,必须为大国竞争的时代制定国家技术战略。该智库还设计了政策组织框架与政策路线图,并对战略的制定、实施、监测和评估等提出建议。

(3)创新政策措施方面。美国信息技术与创新基金会(ITIF)强调增加政府研发投入的重要性。ITIF报告指出,自由市场理论关于私营部门能够而且将承担大部分研发投资,并且联邦政府对研发的支持可以停滞甚至萎缩的观点是错误的。美国在大学研究和发展资金上的投入相对其他OECD成员国持续下降,要想成为OECD成员国中政府资助大学研究占GDP比重最高的国家,美国每年的投资必须增加900亿美元。ITIF和韩国科学技术政策研究院(STEPI)都对科技产业化政策环境开展了研究。ITIF报告认为,为了确保在先进技术创新和生产方面继续保持领导地位,美国需要支持先进技术产业创新的政策环境,支持突破性技术的创造,鼓励其在美国的商业化和生产。同时应深刻理解各行业和技术领域之间的差异,使政策能最有效地推动行业生产率的提高。STEPI研究认为,技术产业化政策要符合创新环境的变化。随着研发投入规模的不断扩大,技术商业化在创新绩效的增长中起着中轴作用。政策也从保障研究成果扩大到支持研究成果的利用,优化符合创新环境变化方向的技术商业化政策。ITIF和STEPI在企业创新支持政策上的研究有不同的侧重。ITIF认为,在扶持小企业发展的同时,应注意平衡大企业的利益。低利润率使许多小企业无法投资于提高生产率的技术,联邦政府应在研发、投资、销售等领域给予帮助。但大型的、负责任的公司依然是经济发展的核心力量,决策者需要认识到大型企业所发挥的关键作用,确保政策给予承认和支持。STEPI的研究侧重于完善企业创新的政策支持体系,从人才、资金、技术等方面研究对企业创新的支持措施,如设计并运营"优秀人力支援系统",优秀人才由国家联合研究所聘用并派遣到企业,给予持续的职业路径管理。

2. 高新技术产业和前沿科技与治理议题

在全球科技创新中,高新技术和前沿科技无疑是受到最多关注的焦点之一。各智库对此议题的研究成果十分丰富,涵盖技术研发、技术应用、产业发展和技术治理等领域,所涉及的行业包括人工智能、生命科学、信息技术、虚拟现实和增强现实等。

(1)高新技术的应用和产业发展方面。美国信息技术与创新基金会(ITIF)关注新冠疫情和全球经济疲软背景下高科技产业对社会经济发展的赋能作用。ITIF认为,这波新技术浪潮可以催生"增加投资—提高生产率—增加支出—增加投资"的良性循环,高新技术在产业和经济发展各领域的充分运用将为全球经济发展注入新的活力。如在疫情背景下,可以通过增强现实和虚拟现实(AR/VR)技术打造数字化商业环境,使用户能够在物理和虚拟空间体验数字渲染内容的沉浸式技术,以提高外国投资对国内经济的兴趣和吸引外资;还可以打造沉浸式学习体验,减少物理空间障碍,提供个性化学习方法,为教育技术创新提供显著的创新潜力;人工智能工具则可以提高企业人力资源管理的绩效,节省资金并减少排放;量子计算更是具有超越目前计算边界的潜力,对经济和社会产生变革性影响,成为这项技术的领导者对美国具有强大的战略意义。

德国弗朗霍夫协会系统与创新研究所(Fraunhofer ISI)重点研究电动汽车行业的发展以及其他高科技产业对欧盟经济和社会发展的战略意义。Fraunhofer ISI认为,电动汽车产业的发展关键在于加紧部署公共充电基础设施、完善电池供应链以及落实低碳政策。充电设施对于吸引更多消费者购买电动汽车至关重要。预计到2030年,欧盟每年将有2.5兆吨的新电池,而二氧化碳价格至少达到150欧元/吨,会对电动汽车的市场扩散产生重大影响。对其他高科技产业,Fraunhofer ISI指出,5G基础设施、信息通信技术(ICT)制造业和轻质材料开发等产业都对欧洲经济发挥着重要作用,生物化学分析芯片技术具有很高的应用潜力,这项技术不仅在生物医学领域,而且在许多不同领域也有着广阔的应用前景。

(2)前沿技术治理方面。美国战略与国际问题研究中心(CSIS)分析了人脸识别技术开发与应用中的权利风险。CSIS认为,人脸识别技术的开发和应用会影响到个人的各种基本权利和自由,比如隐私权、不受歧视的权利、获得有效补救的权利以及生命权、自由权和安全权等。CSIS建议,政府应制定保护基本权利和自由的法律与监管制度,明确人脸识别技术的不适用情况,建立强有力的隐私和数据保护法规,限制数据的收集与使用,确保运营商遵守国家或人权法规定的义务,并对侵犯个人权利的组织进行处罚。

加拿大国际治理创新中心(CIGI)研究了生命科学技术给人类带来的双重后果。CIGI认为,以基因编辑、基因驱动和基因合成为主要内容的前沿生物技术在医疗、农业等诸多领域给人类发展带来好处的同时,也给生物安全、人类生存和发展带来了严重威胁,现在正是全球合作应对生物安全威胁的机会之窗。

ITIF衡量了前沿技术治理的尺度,主张对前沿技术进行适当规制。ITIF认为,过于严格的人工智能规制不仅会限制人工智能的开发和使用,还会给企业和消费者带来巨大成本。政府应该率先成为包容性的虚拟现实技术和增强现实技术(AR/VR)的尝试者,实现AR/VR

的公平性和包容性。行业领导者和政策制定者应该重视用户隐私保护和促进创新之间的平衡问题,改革目前数据隐私的零散监管体制,在风险监管上不能失之偏颇。寻求人工智能技术发展与合理监管之间的平衡。

3. 数字经济议题

随着数字化浪潮的兴起,数字驱动的创新和经济的数字化转型已成为不可阻挡的趋势,数字经济相关议题也是各智库近年的研究热点之一。各智库对数字经济的研究从数字经济形态、数字基础设施到数据流动与保护、全社会数字技能提升和数字知识产权等各个层面展开,涉及数字转型的方方面面,对元宇宙概念包含的数字创新也有所关注。

(1)数字经济的基础构建方面。美国信息技术与创新基金会(ITIF)强调数字创新战略和数字基础设施建设的重要性。ITIF 报告认为,为了保持美国在数字技术领域的全球领导地位,美国政府必须制定一个基于"数字现实政治"新原则的大战略,首要任务是通过推广美国数字创新政策体系和限制数字对手(尤其是中国)来保护美国的利益。欧盟和美国必须为数据传输建立明确、一致的法律机制,以便在全球数字经济的蓬勃发展中获益。任何国家的基础设施一揽子计划都应该包括 21 世纪的数字基础设施——不仅是对核心数字基础设施(如宽带和政府 IT 系统)的投资,还要对现有的实体基础设施进行混合数字升级,以提高其性能。

(2)数字经济的商业形态方面。德国弗朗霍夫协会系统与创新研究所(Fraunhofer ISI)和加拿大国际治理创新中心(CIGI)都对平台经济模式开展了研究。Fraunhofer ISI 认为,平台经济已成为数字经济的重要模式,世界上最有价值的 10 家公司中有 7 家采用基于平台的商业模式。平台经济模式具有低交易成本和需求侧规模优势,可以通过多个合作伙伴建立生态系统和合作开发,带来网络集聚效应,这些都是传统的线性商业模式难以企及的,因此平台商业模式可以更快地增长和发展。CIGI认为,平台经济和数字货币正在颠覆传统商业模式。互联网平台集聚了无数使用数据创造的新商品和服务,数字支付形式日益普及,许多国家正在向以数据为基础的新经济过渡。然而,平台经济也带来了新的社会和经济成本,大多数发展中国家尚未发展平台经济所需要的个人数据保护与公共数据开放环境。

(3) 数据流动与保护方面。ITIF和CIGI对跨境数据流动、数据共享与数据安全、数据监管之间的关系进行了全面深入的研究并提出了针对性建议。ITIF认为,应促进跨境数据流动,通过数据便携性改善消费者福利。数据驱动的创新和数字贸易将成为全球经济的核心,限制数据流动会急剧减少其贸易总量。一个国家的数据限制每增加1个百分点,其贸易总产出将减少7%,其生产率会降低2.9%。数据便携性是指允许消费者从在线服务中获得其个人信息的数字副本,并将该信息提供给其他服务提供商。通过制定数据便携性条款,可以让消费者从自身数据中获得更多利益,也为企业利用数据创新创造新的机会。政策制定者应该建立一个开放的、基于规则的、创新的数字经济环境,确保个人、公司和政府能够最大限度地利用数据和数字技术创造的巨大利益。此外,ITIF相关研究还建议制定平衡的隐私政策和跨境数据流动规则,明确数据共享的监管准则,完善利于数字经济发展的数据治理,努力实现真正的数字包容。CIGI认为,要想真正实现数据自由流动与信任,必须解决用户在隐私之外的担忧,包括在线骚扰、恶意软件、审查制度和虚假信息等。

Fraunhofer ISI重点研究了区块链环境中的数据保护。Fraunhofer

ISI认为,考虑到当前的技术水平,在公共区块链环境中,符合数据保护要求的最明智的解决方案是链下存储。应通过加密手段保护数据,或使用私有或半私有区块链。

(4)全社会的数字技能提升方面。ITIF从政府和劳动者两个层面开展研究。从政府角度,ITIF主张大力建设数字政府。数字解决方案有望通过简化过时的程序,为美国人提供更快、更方便、更个性化的政府服务。如果把政府服务的现代化和数字化放在首位,将有助于在互联网时代重新树立民众对政府的信任。从劳动者角度,ITIF指出,很快全球GDP的60%将被数字化,劳动力数字技能的整体素质将成为企业和行业竞争力和创新能力的关键因素。若要在全球数字经济竞争中取得成功,必须培养具备必要数字技能的劳动力。政府机构、教育系统、企业和非营利组织在发展社会的数字技能方面都可以发挥重要作用。

(5)数字环境下的知识产权保护方面。ITIF的研究关注点主要在于知识产权保护方式如何适应数字经济发展需求。ITIF报告指出,解决在线市场上假货泛滥的问题需要政府和行业的利益相关者更好的合作。决策者应该修改现有的法律法规,并建立数据共享伙伴关系,限制侵权者获取数据,使用先进的分析技术监测和识别网络侵权。特别是通过互联网等数字手段实施的跨境侵权行为,如果跨境侵权行为得到有效遏制,可以大幅减少假冒进口,在美国创造1.5万—2万个制造业就业机会。

(6)元宇宙虚拟世界数字创新方面。韩国科学技术政策研究院(STEPI)从技术和政策两个层面进行了研究。在技术层面,STEPI认为,实现身临其境的元宇宙需要战略投资和支持来开发核心要素技术,研发项目支持注重适应性和开放性,提高创作工具的兼容性,培养专业人才,使其能够灵活地与各个领域的新内容环境相连接,并能轻松地整合设计内容;在政策层面,STEPI认为,需要营造一个支持创造力和经济活动的环境,包括元宇宙中的版权指南,在扩大的数字世界中个人财产权的承认和保护,以及它们与现实世界法规的联系。还需要启动一个在元宇宙中运行的全局协调实体,设计出能够保护国家利益的技术或系统,使其免受可能由恶意黑客破坏、恶意使用元宇宙或数字孪生体引起的国家或国际危机的影响。

4. 可持续发展议题

面对气候、环境等全球共同挑战,各智库对可持续发展议题均十分关注,主要围绕能源创新、低碳经济和可持续治理三个维度进行研究。

(1) 能源创新方面。德国弗朗霍夫协会系统与创新研究所(Fraunhofer ISI)和美国信息技术与创新基金会(ITIF)分别从能源基础设施建设和能源创新投资两个角度开展研究。Fraunhofer ISI认为,基础设施的联合铺设有助于提高能源系统效率。原则上,基础设施的捆绑安装比单独安装更可取。将电、水、气、信息通信服务、区域供热、污水等多种基础设施联合铺设、捆绑在一条线路上,可以降低环境污染,取得社会经济效益。在跨部门规划设计中考虑不同基础设施"相遇"的节点十分必要。ITIF认为,美国联邦政府在研发与开发方面的投资应该集中在性能更高、效率更高、适用范围更广、与电网更好集成的技术上。除非企业能够负担得起可再生能源和其他低碳能源技术,并且足够取代化石燃料发电,否则世界不会在21世纪中叶实现净零排放。联邦政府目前的投资规模太小,不足以加快应对气候挑战所要求的可再生能源创新,应该增加该领域的公共研发资金投入。此外,ITIF的相关研究总体建议加大能源转型研发投入,推动能源转型和绿色发展的关键技术研发,并积极开发新型绿色能源。

(2) 促进低碳经济发展方面。ITIF 研究了低碳经济国家战略的制定。ITIF 认为,美国需要一个综合性国家战略来应对支撑其制造业发展和避免气候变化的双重挑战,并及时制定针对特定制造业的联邦研发和部署政策。政府必须在低碳技术的研究、开发、测试和演示方面进行大量和更有效的投资,并采取一系列步骤,将这些投资转化为具有重要意义的成果。

Fraunhofer ISI 关注实现低碳目标的价格激励措施。Fraunhofer ISI 指出,德国于 2021 年引入的国家二氧化碳价格,是价格激励措施首次在实现环境目标中发挥核心作用。德国的国家二氧化碳价格连同来自欧洲排放交易体系(EU-ETS)的二氧化碳价格,几乎涵盖了化石能源使用的所有排放,引导市场节省化石燃料并投资于对气候友好的技术创新。

(3) 协调产业创新与低碳目标方面。ITIF 对《巴黎协定》的碳边界调整机制做出了评价。ITIF 认为,解决气候问题不能以严重损害产业创新为代价。基于《巴黎协定》(Paris Agreement)的碳边界调整机制(CBAMs)旨在通过对不受碳价格约束的地区生产的进口产品加征关税,从而保护国内的气候收益。这种机制在实践中是行不通的,由于计算进口产品的碳含量非常困难,可能会促使生产商从实施 CBAMs 的国家转移,即低碳商品在一个地区自由交易,而碳密集型商品在另一个地区自由交易。这将限制传统产业的减排创新,不利于传统产业的转型发展。

5. 中美科技竞争议题

在美国把中国视为战略竞争对手的背景下,美国智库对中国的创新和发展做出了带有偏见性的评价,其他国家的智库一般视角较为客观。美国智库普遍认为中国的创新发展损害了美国利益和全球创新，美国必须联合盟友共同遏制中国。

（1）对中国创新发展的看法方面。美国信息技术与创新基金会（ITIF）从重点产业、创新政策、国际规则等方面对中国提出武断批评。ITIF认为，中国在全球半导体行业抢占市场份额，并在人工智能、生物医药等领域挑战美国的领先地位。在过去10年里实施了先进技术战略，采用直接和间接补贴等手段吸引全球生产，削弱美国的创新和生产体系。该智库相关研究武断地认为中国并未遵守加入世界贸易组织的承诺，而是充分利用了其加入世贸组织的权利，通过激进的创新重商主义政策，扭曲全球市场（包括先进技术产品），损害了其他国家的经济、高科技企业和全球创新体系，对自由国际经济秩序和国际社会构成了根本性威胁。兰德公司研究了中国的创新治理体系。兰德公司认为，中国的创新治理体系具有独特性和复杂性的特点，是美国在全球科技创新进程中强有力的竞争对手，美国需要一个动态的可观测框架来研究快速发展的中国创新体系。加拿大国际治理创新中心（CIGI）关注中国风险投资对研发的支持。CIGI认为，中国从一个技术落后的国家变成一个技术超级大国，部分原因是其风险投资（VC）部门在支持初创企业方面的成功。这显示政府财政如果使用得当，有助于将风险投资引向有前途的技术公司。美国供应链控制主要目的是阻碍中国及时和低成本地获得基本产品、服务和技术，应充分利用世界贸易组织（WTO）争端解决机制解决中美争端。

（2）提升美国科技实力方面。美国国际战略研究中心研究了美国的创新研发投入。美国国际战略研究中心认为，美国需要制定新的研发投资战略，明确政府投资的定位，弥补企业投资的不足，重点关注企业不愿意投资的、回报率低的基础研究、早期研发以及尖端技术的军事化，推动基础研究成果转移转化并保持工业能力。同时保障供应链，加强与伙伴国家的研发合作，培养、吸引和挽留人才，继续投资科学、技术、工程和数学教育，形成培养人才和吸引海外人才的良好社会氛围。ITIF建议美国政府应该主导战略性先进产业发展，重视大型科技公司在创新型经济中的作用，采取针对性措施提升全球创新竞争力并确保美国的全球创新领导者地位。

（三）研究趋势与展望

2021—2023年，全球科技创新智库的研究主要围绕高新技术产业、全球数字经济发展趋势、可持续发展等热点问题展开，研究视角涵盖科技创新和经济发展的各个层面。未来全球经济和科技的发展还存在许多不确定因素，但国际政治的交锋与协商、科技的竞争与合作、经济转型与复苏，以及气候、公共健康等问题日益凸显，似乎是近期较为明确的态势。各智库的研究也将循此踪迹，不断延伸。

1. 在复杂的国际局势中拓展创新合作空间

当前，全球化与逆全球化思潮不断交锋，技术民族主义和保护主义有所抬头，中美之间的科技竞争发展形势变化深刻影响着国际局势发展。美国智库几乎都以中国作为战略竞争对手为前提，以美国如何防范中国的超越和"威胁"为中心开展研究。欧洲等其他国家的智库也在探讨"技术主权"概念，如何在充分保护各国技术权益的基础上，开展充分的科技创新合作交流共享，共同应对全球挑战，是各国共同面临的难题。未来与之相关的议题将是国际科技竞争与合作领域的关注焦点。对我国而言，从美国智库的研究结果可以看出，除印度外，欧洲、亚太地区和发展中国家对抗中国的动机要小得多,美国及其盟友在许多重要领域的利益并不一致。这恰恰说明,中国的创新发展对世界的贡献得到了其他国家的承认,只有坚持创新发展战略,才能与更多国家形成"命运共同体",为进一步拓展国际科技创新合作空间打下坚实基础。

2. 充分发挥高科技产业对经济的驱动作用

在全球经济疲软的背景下,高科技产业对经济的驱动作用显得尤为关键。人工智能在企业人力资源管理中的作用、虚拟现实和增强现实技术在商务和教育领域的应用及其规制尺度已经进入了国外智库的研究视野。随着重点领域技术的创新迭代和产业能级提升,需要深入研究新技术与各行各业的适应性及契合度,大力促进高科技前沿技术在社会经济各领域的充分运用;同时要完善对前沿技术的治理机制,如人工智能、数字技术应用中涉及的隐私、安全、伦理等问题,确保高技术产业健康发展。未来的研究视角也将不再局限于某个产业领域本身,而是越来越着眼于产业革新对全社会的影响,研究范围从本国本地区延伸到全球市场,从社会经济发展的角度进行前瞻性研究。

3. 打造适合数字经济发展的制度环境

数据驱动的创新和数字贸易将成为全球经济的核心。各智库对数字经济的研究视角涵盖了从数字基础设施、数字创新战略、数字政务,到数据流动、消费者权益和劳动者数字技能等各层面。由此可见,作为信息时代经济与科技相结合的创新型经济形态,经济的数字化转型是一个全方位的过程。同时,经济的数字化转型过程中,数据权利、数据安全、数据监管和隐私保护等问题也逐渐浮出水面,需要在开放数据流动以激发数字创新潜能和保护数据安全这两者之间找到合理的平衡点。

4. 协调可持续发展与产业创新双重目标的实现

气候和环境问题是当今世界面临的共同挑战,在大力发展能源创新和低碳经济的同时,也要协调好产业创新与气候问题解决机制之间的关系,解决气候问题不能以严重损害产业创新为代价。创新是实现双碳目标和产业发展需求的唯一途径,如何创新可持续治理,建立全球减排与发展的平衡机制,为人类社会的近期福祉和长远健康发展贡献当下的力量,这可能是各智库具有重大现实意义的研究课题。

(作者系上海科技管理干部学院〈上海科学技术政策研究所〉

田贵超　龚晨）

附录

2021—2023 年中国智库大事记

2021 年智库大事记
1 月

5日,由甘肃省社会科学院与乌兹别克斯坦国家科学院共同编撰的《中国—塔吉克斯坦友好关系发展史》和《中国—哈萨克斯坦友好关系发展史》中文版首发仪式在甘肃兰州举行。

是日,中国工程院信息与电子工程学部、中国信息与电子工程科技发展战略研究中心发布"中国电子信息工程科技发展十四大趋势(2021)"。

6日,中国(萧山)长三角自由贸易智库联盟在浙江省杭州市揭牌成立。

7日,重大突发公共卫生事件社会风险治理研究中心在南京医科大学揭牌成立。

8日,由国务院发展研究中心指导,中国发展出版社主办,国研智库(国研文化传媒集团)承办的"国研智库论坛·新年论坛2021"在北京举行,论坛主题为"迎接'十四五',开启新征程"。

12日,中国社会科学院俄罗斯东欧中亚研究所与乌兹别克斯坦驻华使馆共同举办"乌国情咨文与中乌合作"线上研讨会。

14日,博鳌亚洲论坛研究院携手中国商务部国际贸易经济合作研究院、新加坡国立大学东亚研究所、印度尼西亚战略与国际研究中心共同发布《自由贸易协定:亚洲的选择》报告。

16日,内蒙古环保智库成立大会在呼和浩特举行。

20日,《之江新语》《习近平谈"一带一路"》《论坚持全面深化改革》中文繁体版出版研讨会在香港举办。

22日,中国科学院科技战略咨询研究院发布《2020全球城市基础前沿研究监测指数》报告。

23日,由首都科技发展战略研究院主办,中国社会科学院城市与竞争力研究中心和联合国工业发展组织绿色产业平台中国办公室协办的"2021首科新年论坛——迈向'十四五':创新驱动与城市高质量发展"网络视频会议在北京举行。论坛期间发布《中国城市科技创新发展报告2020》。

26—28日,由中美交流基金会与中国国际经济交流中心联合举办的"香港中美论坛"通过网络形式举行。

28日,美国宾夕法尼亚大学智库研究项目(TTCSP)编写的《全球智库报告2020》在北京、纽约、华盛顿、伦敦、巴黎等全球近130个城市发布。

是日,海南省工商联智库咨询委员会在海口举办成立大会。

是日,中国国际问题研究院与美国外交政策全国委员会(NCAFP)联合举办中美关系视频对话会。

2月

1日,南方财经全媒体集团主办的智库发布周之"互联网反垄断研究与投资影响"研讨会在线上召开,会上发布《互联网反垄断研究与投资影响报告(2020)》。

3日,复旦大学旅游学系、南京大学地理与海洋科学院、浙江大学管理学院旅游与酒店管理系、安徽大学旅游规划与研究中心联合中国网商务频道、国际旅游学会、中国文化管理协会艺术典藏委员会、"丝绸之路"国际总商会上海代表处共同发起成立"长三角文旅一体化发展专家智库"。

4日,中国国际问题研究院与拉美社科院萨尔瓦多分院共同举办"中国视角下的中美洲"线上研讨会。

9日,由中国现代国际关系研究院主办的"新发展阶段的中国智库建设"青年论坛通过线上方式召开。

24日,由中国社会科学院院长谢伏瞻主编、中国社会科学院国际研究学部各研究所参与撰写的《中国社会科学院国际形势报告(2021)》在北京发布。

25日,商务部国际贸易经济合作研究院发布《中国经验贡献全球农业发展和农村减贫研究工作报告》。

26日,中国工业互联网研究院举办的"工业互联网助力数字经济高质量发展"研讨会暨中国工业互联网智库委员会成立仪式在北京召开。

是日,由中山大学粤港澳发展研究院撰写的《粤港澳大湾区发展研究报告(2019—2020)》蓝皮书在广州发布。

28日,新华社国家高端智库面向全球发布中英文智库报告《中国减贫学——政治经济学视野下的中国减贫理论与实践》。

3月

2日,在工业和信息化部的指导下,中国工业互联网研究院联合国家级科研机构、知名高校、行业组织和典型企业共同发起成立中国工业互联网智库委员会。

3日,中国国际经济交流中心发布《数字化新外贸趋势发展报告》。

8日,由中国外文局、国家创新与发展战略研究会、法国展望与创新基金会、法国桥智库主办的"2021中国两会·全球经济发展智库媒体论坛"在北京通过线上、线下结合的方式举行,论坛主题为"共商合作共赢新举措 共享全球发展新成就"。

11日,上海社会科学院、中国金融信息中心、中国平安在上海共同发布《2018—2020乡村健康扶贫报告书》。

12日,中国国际问题研究院发布《国际形势和中国外交蓝皮书(2020/2021)》。

16日,中国民主同盟中央委员会与浙江大学战略合作签约仪式暨"新时代科教创新"论坛在北京举行,双方成立启真智库。

17日,湖南省委全面深化改革委员会第十一次会议审议通过《关于深入推进湖南新型智库建设的实施意见》。

18日,安徽省经济研究院、江苏省战略与发展研究中心、清华大学区域发展研究院、上海社会科学院长三角与长江经济带研究中心、上海市发展改革研究院、浙江清华长三角研究院、浙江省发展规划研究院、中科院南京地理与湖泊研究所区域发展与规划研究中心等8家智库机构联合发起成立长三角高端智库联盟。

19日,由中国国际问题研究院与中国上合组织研究中心联合举办的纪念上合成立20周年研讨会在北京举行。

20日,国务院发展研究中心下属的中国发展研究基金会与普华永道联合发布《机遇之城2021》报告。

20—22日,由国务院发展研究中心主办、中国发展研究基金会承办的"中国发展高层论坛2021年会"在北京线上、线下同步举行,论坛主题为"迈上现代化新征程的中国"。

24日,中国社会科学院中国历史研究院中国边疆研究所、社会科学文献出版社、新疆智库办公室共同发布《边疆蓝皮书:中国边疆发展报告(2020—2021)》。

25日,由中国外交学院和越南外交学院共同主办的"中国—东盟对话关系30周年智库论坛"以线上方式举办。

26日,由中国社会科学院主办,中国社会科学院考古研究所、考古杂志社承办的"中国社会科学院考古学论坛·2020年中国考古新发现"在北京举行。

4月

9日,中国社会科学院中国边疆研究所及社会科学文献出版社联合发布《中国周边关系蓝皮书:中国与周边国家关系发展报告(2021)》。

12日,由中国科学院科技战略咨询研究院、施普林格·自然联合组织撰写的《新能源技术研究的机遇与挑战》报告在北京发布。

13日,中国国际经济交流中心和阿里研究院在北京发布《中国可持续发展评价指标体系研究暨省级与大中城市可持续发展排名报告(2020)》。

是日,中国(深圳)综合开发研究院与哈尔滨工业大学(深圳)联合举行"高质量发展与深圳空间治理创新"研讨会,会上发布《深圳生长:土地与城市更新》。

14日,中国现代国际关系研究院成立总体国家安全观研究中心。

16日,由工信智库联盟指导,国家工业信息安全发展研究中心主办的第二届"工信安全智库论坛"在北京举行,论坛主题为"咨政启民"。

18日,中国电影工业智库"广东南方电影工程技术研究院"在广州挂牌成立。

22日,由中国人民大学重阳金融研究院与意大利国际政治研究所(ISPI)共同主办的"通往碳中和的未来之旅"G20智库(T20)国际论坛以线上形式举行。

24日,由中国航天系统科学与工程研究院(中国航天科技集团第十二研究院)、中国航天工程科技发展战略研究院主办,中国航天科技集团第十二研究院系统工程研究所、中国系统工程学会应用咨询工作委员会承办的第十期"钱学森论坛"在北京举行,论坛主题为"让软实力定制未来——钱学森智库聚焦系统观念"。

是日,由科技部、中国工程院和英国皇家工程院共同举办的"中英工程技术绿色低碳发展论坛"以线上、线下相结合的方式召开。

27日,由中国社会科学院国有经济研究智库指导、中国石油集团国家高端智库主办的"新发展理念与企业高质量发展"学术论坛在北京举办。

5月

7日,由中国大运河智库联盟、浙江省文化和旅游厅指导,浙江外国语学院、杭州市运河集团共同主办,浙江省地理学会协办,浙江省外国语学院国家经济与旅游管理学院承办的第九届"中国大运河智库论坛"在浙江杭州举行。

8日,由上海市科学技术委员会与中国科学技术发展战略研究院指导,上海市科学学研究所主办的"浦江创新论坛——2021科技创新智库国际研讨会"在上海举行,论坛主题为"迈向科技创新的'理想之城'"。

14日,由法律界人士、行业协会和部分经济职能部门代表共同发起的公益组织"江苏萤火虫企业智库"在江苏南京成立。

15日,由中央党校(国家行政学院)科研部、党的建设教研部主办的第一届"党建高端论坛"在北京召开,论坛主题为"百年大党建设的历史经验"。

是日,由中国人民大学国家发展与战略研究院主办的"2021中美公共外交论坛"在北京举办,论坛主题为"加强多元交流,推动合作共赢"。

16日,由中国社会科学院西藏智库、中国社会科学院民族学与人类学研究所主办的第五届"西藏智库国际论坛"在北京举行,论坛主题为"和平与发展"。

17日,上海市经济和信息化委员会与上海社会科学院共同发布《上海在线新经济白皮书(2020)》。

18日,由辽宁省社科联、中国经济时报社联合举办的"习近平总书记在哲学社会科学工作座谈会上重要讲话发表五周年座谈会"在沈阳召开。

19日,由台盟中央主办的第八届"大江论坛·两岸智库论坛"在北京举办,论坛主题为"新时代两岸命运共同体的建构"。

20日,由上海、江苏、浙江、安徽三省一市科协和松江区人民政府共同主办的第十八届"长三角科技论坛"在上海开幕,论坛主题为"凝聚科技力量、强化国家战略—— 助推长三角G60科创走廊建设"。

22日,由北京大学国家发展研究院与每日经济新闻联合主办的"2021国际门户枢纽城市发展论坛暨北京大学国家发展研究院(成都)论坛"在成都举行,论坛主题为"大国双循环·大城新格局·开放新势力"。

22—23日,由四川省社会科学院、四川省乡村振兴战略研究智库、雅安市人民政府主办,雅安市农业农村局、雅安市扶贫开发局和汉源县人民政府承办的"合作·赋能·共享——汉源·2021山区县乡村振兴峰会"在雅安举行。

23日,由海南省委宣传部、中国日报社、中国(海南)改革发展研究院、中国特色自由贸易港研究院共同主办的"RCEP区域发展媒体智库论坛"在海口举行,论题主题为"RCEP与亚洲经济发展"。

25日,由深圳智库联盟、深圳市决策咨询委员会联合主办的"2021智库峰会"在深圳举行,论坛主题为"'双区'驱动和'双区'叠加背景下深圳智库的担当与使命"。

27日,由中国人民大学首都发展与战略研究院等单位共同举办的"首都治理热点问题研讨会"在北京召开,论坛主题为"老龄化社会治理改革与创新"。

是日,由河南省社会科学院、中共河南省委党史研究室、中共信阳市委、河南日报报业集团联合举办的"第十二届中原智库论坛(春季)"在河南省信阳市举行,论坛主题为"学党史悟思想,谱新篇开新局"。

30日,由南京大学长江产业经济研究院主办的"长江产经智库双月论坛"于线上举行,论坛主题为"长三角如何以一体化和高质量服务新发展格局"。

6月

1日,由中国社会科学院和俄罗斯国际事务委员会联合主办的中俄智库高端论坛(2021)以线上、线下相结合的方式在北京、莫斯科两地举行,论坛主题为"中国与俄罗斯:新时代合作暨庆祝《中俄睦邻友好合作条约》签署20周年"。

2日,由中国社会科学院俄罗斯东欧中亚研究所与武汉大学中国边界和海洋研究院共同承办的"上海合作组织民间友好论坛智库分论坛"在湖北省武汉市以线上、线下结合方式召开,论坛主题为"构建人文共同体凝聚发展新动力"。

4日,天津社会科学院、天津市舆情研究中心联合举办"完善舆情智库建设　构建舆情学科体系——中国特色舆情学科建设"学术研讨会。

5日,由南岸区、重庆经开区联合多家高校组建的重庆"南山智库"成立。

8日,由中共中央党校(国家行政学院)与中共中央党史和文献研究院联合举办的第二届"发展中国家国家治理高端智库论坛"在北京召开,论坛主题为"政党的地位和作用:发展中国家的治理之道"。

9日,新华社瞭望智库发布《浙江南浔建设共同富裕示范样本观察报告》。

是日,由中国社会科学院和浙江省人民政府主办,中国社会科学院欧洲研究所、中国—中东欧国家智库交流与合作网络、宁波市人民政府承办,浙江万里学院、宁波海上丝绸之路研究院协办的"中国—中东欧国家地方合作高质量发展高端智库论坛"在宁波举行。

是日,由上海市政协港澳台侨委员会、上海社会科学院、香港再出发大联盟和香港明天更好基金会共同主办的"2021沪港合作与发展研讨会"在上海和香港两地同时举行,论坛主题为"'十四五'上海发展与沪港合作"。

10日,金砖国家智库合作中方理事会与厦门市人民政府在福建厦门共同主办"2021金砖国家智库国际研讨会",论坛主题为"携手共建

创新基地　打造金砖合作典范"。

是日,由国际丝绸联盟主办的"2021国际丝绸联盟主席会议暨丝绸可持续发展国际智库论坛"在杭州举行。

17日,中国(深圳)综合开发研究院与马来西亚金斯利战略研究院联合举办"2021中国—东盟智库峰会",论坛主题为"RCEP:迈向区域合作新未来"。

24日,由陕西省社会科学院主办的第二届"'一带一路'长安智库论坛暨第二十四届全国社会科学院院长联席会议"在西安开幕。

是日,由军事科学院主办的第四届"强军论坛"在北京举行,论坛主题为"回望建党百年征程,奋进建军百年目标"。

是日,由上海合作组织研究中心、中国国际问题研究院和上海合作组织秘书处联合主办的"上海合作组织二十年:回眸与前瞻"国际研讨会在上海举行,会上发布了2021上合组织蓝皮书《上合组织20年:成就与经验》。

25日,由南方财经全媒体集团和上海社会科学院主办,21世纪经济报道社和上海社会科学院长三角与长江经济带研究中心共同承办的"2021长三角一体化高质量发展论坛"在上海举行,论坛主题为"构建新发展格局与长三角一体化发展"。

28日,新华社国家高端智库发布中英文智库报告《人民标尺——从百年奋斗看中国共产党政治立场》。

7月

1—2日,中央宣传部、中央组织部、中央党校(国家行政学院)、中央党史和文献研究院、教育部、中国社会科学院、中央军委政治工作部在北京召开庆祝中国共产党成立100周年理论研讨会。

7日,重庆智库暨长江经济带研究院联合大运河智库发布"2021年国家推动长江经济带发展的七件大事"。

9日,由甘肃省委党校,安宁区委、区政府主办的"第27届兰洽会安宁(第五届)智库论坛"在兰州举行,论坛主题为"'一带一路'与甘肃向西开放"。

是日,商务部国际贸易经济合作研究院和中国商务出版社在北京共同举办《RCEP:协定解读与政策对接》和《2020中国自由贸易区发展报告:RCEP与中国自由贸易区提升战略前瞻》新书发布活动。

10日,由首都经济贸易大学、中国社会科学院、南开大学、河北经贸大学、天津行政学院等单位的专家学者合作撰写的《京津冀蓝皮书:京津冀发展报告(2021)》对外发布。

11日,由浙江农林大学浙江省乡村振兴研究院牵头组建的浙江省"两山"理念(生态文明)智库联盟成立。

12日,由中国社会科学院、贵州省人民政府主办的2021年生态文明贵阳国际论坛"乡村振兴与生态文明"主题论坛在贵阳举行,论坛上挂牌成立了"中国社会科学院习近平生态文明思想研究中心贵州基地"和"中国社会科学院生态文明研究智库贵州基地"。

14日,由天津市委宣传部、天津市中国特色社会主义理论体系研究中心、天津社会科学院主办的"习近平新时代中国特色社会主义思想高端论坛(2021)"在天津召开。

16日,上海社会科学院智库研究中心发布《中国智库报告(2020—2021)》。

16—18日,由北京语言大学汉语国际教育研究院、浙江师范大学孔子学院发展战略研究院和国际中文教育智库联合体主办,云南师范大学云南华文学院/国际汉语教育学院承办的"第二届国际中文教育发展智库论坛"在云南昆明举行。

17日,大众报业集团与山东省人民政府发展研究中心在山东济南签署战略合作协议,共建"山东发展智库"。

20日,由环境与发展智库联盟、中国21世纪议程管理中心、甘肃省科学技术厅等联合主办的"第七届环境与发展智库论坛"在甘肃兰州举办,会议主题为"创新·为发展点燃新引擎"。

22日,由中华全国台湾同胞联谊会、中国社会科学院台湾研究所、闽南师范大学、厦门大学台湾研究院共同主办的"第四届两岸融合发展论坛"在黑龙江大庆举办,会议主题为"两岸融合发展理论与实践"。

是日,由广东省社会科学院、广东省习近平新时代中国特色社会主义思想研究中心和南方杂志社共同主办的"学习贯彻习近平总书记在庆祝中国共产党成立100周年大会上的重要讲话精神"理论座谈会在广州召开。

23日,由中国(深圳)综合开发研究院和深圳市综研软科学发展基金会发起主办的"中国智库论坛暨2021综合开发研究院北京年会"在北京举行,论坛主题为"'双循环'发展战略与国家产业链安全"。

27日,辽宁省教育厅召开全省高校智库建设工作会议暨辽宁省高等学校新型智库联盟成立大会。

28日,由中国社会科学院和柬埔寨皇家科学院联合主办的"第二届中柬智库高端论坛"在北京开幕,会议主题为"迈向双边关系发展新阶段"。

是日,由湖北省委宣传部、武汉大学、湖北省社会科学院共同举办的"中部崛起·加快建成战略支点"高端论坛在武汉举行,论坛主题为"建成支点 绿色崛起"。

是日,由中国国际问题研究院主办的"中国—东盟建立对话关系30周年纪念研讨会"在北京举办,研讨会主题为"中国与东盟关系30年:历程与经验"。

30日,中央党校(国家行政学院)公共管理教研部、浙江省委党校(浙江行政学院)联合主办的"第二届国家治理现代化论坛"在浙江杭州举行,论坛主题为"国家治理现代化:奋斗百年路 奋进新征程"。

8月

3日,广东省农业农村厅(省乡村振兴局)与南方报业传媒集团联合发起成立广东乡村振兴智库。

6日,民建内蒙古区委会与中国农业科学院草原研究所在呼和浩特举行"草牧业智库研究基地"揭牌仪式。

9日,中国人民大学重阳金融研究院、太和智库和海国图智研究院联合在北京举行《"美国第一"?!美国抗疫真相》报告的发布暨研讨会。

11日,由海淀区委宣传部指导、中关村数字文化产业联盟联合多家文化产业研究机构,共同发起成立的中关村数字文化产业智库成立仪式在北京举行。

16日,北京大学文化传承与创新研究院联合中央党校(国家行政学院)、中国科学院、中国社会科学院、清华大学、中国艺术研究院、香港中文大学、联合国教科文组织国际创意与可持续发展中心等境内外30多家机构共同发起成立中华文化传承与创新智库联盟。

17日,由中国社会科学院国际合作局、中国社会科学院西亚非洲研究所、中国社会科学院国家高端智库、阿联酋沙迦大学、沙特费萨尔国王伊斯兰研究中心共同主办的"第二届中国与中东合作论坛"以线上和线下结合方式举办,论坛主题为"深化友谊与创新发展"。

18日,中国财政科学研究院在北京发布《财政蓝皮书:中国财政政策报告(2021)》。

是日,上海社会科学院和社会科学文献出版社共同发布《国际城市蓝皮书:国际城市发展报告(2021)》。

20日,商务部国际贸易经济合作研究院联合宁夏商务厅发布《中国与阿拉伯国家经贸合作发展报告2021》。

26日,甘肃省人民政府、中国工程院合作委员会及中国工程科技发展战略甘肃研究院专家委员会举行第一次会议,旨在打造区域性工程科技高端智库。

是日,由中共山东省委省直机关工委、山东省社会科学界联合会、中共山东省委党校(山东行政学院)、山东社会科学院、大众报业集团、山东广播电视台主办,中共山东省委党校(山东行政学院)承办的"山东社科论坛——马克思主义中国化与党的建设研讨会"在山东济南以线上和线下相结合的方式举办。

是日,由中国南海研究院主办的"中国—东盟南海问题智库对话"国际研讨会以线上方式召开。

9月

1日,由浙江省社会科学界联合会指导,浙江师范大学非洲研究院牵头的"一带一路"研究智库联盟启动,首批成员单位由省内15个高校的国别区域研究机构共同组成。

7日,由中国社会科学院主办的"纪念'一带一路'倡议提出八周年国际学术研讨会暨《'一带一路'手册(2020)》新书发布会"在北京举行。

8日,由中国现代国际关系研究院和巴基斯坦伊斯兰堡战略研究所共同主办的首届"中巴智库论坛"以线上方式召开,会议主题为"变化中的地区形势与中巴合作"。

是日,西北大学"一带一路"高校智库研究项目组、陕西高校"一带一路"智库联盟、"一带一路"大学智库联盟、西北大学哈萨克斯坦研究中心、西北大学中亚研究院、西北大学丝绸之路研究院联合发布《中国高校"一带一路"智库影响力报告》。

16日,由江西省委宣传部、江西省科学院、江西省社联联合主办的"2021江西智库峰会"在南昌举行,会议主题为"'十四五'科技创新与开新局"。

是日,由浙江省委宣传部、省社会科学界联合会、浙江日报报业集团、省发展规划研究院联合主办的"第三届浙江省高质量发展智库论坛"在湖州举办,会议主题为"聚焦数字化改革　聚力现代化先行"。

18日,由上海市社会科学界联合会和上海大学共同主办的首届"东方智库论坛"在上海召开,论坛主题为"数字时代文化产业高质量发展"。

22日,中国人民大学重阳金融研究院和当代中国与世界研究院联合推出《碳中和:中国在行动——基于国际形势下的政策布局与行业动态分析》研究报告。

23日,由中国外文局、上海合作组织秘书处主办,人民画报社、当代中国与世界研究院、北京外交人员服务局、中国社科院俄罗斯东欧中亚研究所共同承办的"上合组织国家媒体智库论坛"在北京举行,论坛主题为"树立合作典范谋求共同发展"。

24日,由中国社会科学院、甘肃省人民政府主办,中共武威市委、武威市人民政府和中国社会科学院古代史研究所承办的"'五凉'文化论坛"在敦煌举行,论坛主题为"弘扬五凉文化·传承历史文脉"。

25日,由北京市科学技术研究院、中国科学技术发展战略研究院、中国科学院科技战略咨询研究院等共同主办的"2021中关村论坛全球科技创新高端智库论坛"在北京举办,论坛主题为"开放科学的理念与实践:全球高端智库之声"。

是日,由北京市人民政府、国务院发展研究中心、生态环境部、国家能源局共同主办的"2021全球能源转型高层论坛"在北京开幕,论坛主题为"创新引领能源低碳转型 助力碳达峰碳中和"。

是日,中国社会科学院社会发展战略研究院在北京发布《后疫情时代的互联网适老化研究》报告。

是日,中国人民大学组建成立共同富裕研究院、双碳研究院,与中信证券联合成立国有经济研究院。人大国发院和中石油经研院合作共建"碳中和研究中心"。

25—26日,由中国社会科学院学部主席团主办,中国社会科学院世界宗教研究所和中国宗教学会联合承办的"中国社会科学论坛(2021·宗教学)"在线上举行,论坛主题为"传承与发展:世界文明交流与互鉴"。

26日,中国社会科学院国家金融与发展实验室、瞭望智库联合发布《国民财商教育白皮书》(2022年版)。

是日,由中国科学院主办的2021中关村论坛平行论坛之"碳达峰碳中和科技论坛"在北京举行,论坛主题为"智慧·健康·碳中和"。

是日,由国务院发展研究中心、联合国经济与社会事务部、联合国亚洲及太平洋经济社会委员会、联合国南南合作办公室、北京市人民政府联合主办的"可持续发展论坛2021"在北京开幕,论坛主题为"推动以人为中心的可持续发展"。

是日,由第四届两岸融合发展(重庆)论坛组委会承办,上海社会科学院台湾研究中心、厦门大学台湾研究中心协办的"第四届两岸融合发展(重庆)论坛"在重庆举办,论坛主题为"探两岸融合发展新路·享新发展格局机遇"。

是日,中国社会科学院舆情实验室、中国旅游报社联合阿里巴巴发布《2021非遗电商发展报告》。

27日,由广东省社科联主办、广东亚太创新经济研究院承办的"2021年度习近平治国理政新理念新思想新战略学习研讨会"在广州举行。

是日,由中国网络空间研究院、英国爱丁堡大学、日本广泛集成分布环境项目组织和巴西瓦加斯基金会联合主办的"2021年世界互联网大会·互联网国际高端智库论坛"在浙江乌镇召开,论坛主题为"数字时代的全球格局与秩序"。

是日,黑龙江省委宣传部、黑龙江省社会科学院主办东北"三省一区"社会科学院庆祝中国共产党成立100周年理论研讨会,会议主题为"百年党史与中国特色社会主义理论及实践"。

28日,中国(深圳)综合开发研究院发布《中国平台经济健康指数》报告。

是日,由"一带一路"国际智库合作委员会主办、新华社国际高端智库舆情研究中心承办的"推动'一带一路'高质量发展国际智库研讨会"在北京以线上、线下相结合的方式举行。

是日,由中国社会科学评价研究院主办的"第四届中国智库建设与评价高峰论坛"在北京举行。

29日,全国总工会理论和劳动关系智库成立大会暨首届智库研讨会在北京召开。

是日，由中国教育科学研究院主办、教育科学出版社承办的"奋进教育路　启航新征程"智库研究系列成果发布会在北京举行。

10月

9日，由中国工程院与山西省人民政府合作的"山西历史遗产数字化平台建设项目基地"、平遥县与上海同济大学合作的"阮仪三文化遗产保护与传承研究中心（平遥）"两大智库合作基地在山西平遥揭牌。

是日，教育部、上海市在上海成立"高校中国共产党伟大建党精神研究中心"。

10日，中国田径协会运动健康专家智库在北京成立。

是日，由中国工程院和北京交通大学共同主办的"国际工程科技战略高端论坛"在北京举行，论坛主题为"高速铁路安全保障与治理"。

12—13日，由中国人民外交学会、中国社会科学院拉丁美洲研究所、中国社会科学院国际合作局等联合发起的"第六届中国—拉美和加勒比智库论坛"在北京举行，会议主题为"中拉发展经验互鉴与推进中拉合作"。

13日，中国商务部国际贸易经济合作研究院发布《全球服务贸易发展指数报告（2021）》。

14日，由上海社会科学院和复旦大学管理学院联合举办、联合国经济和社会理事会支持的"可持续智慧城市论坛"在上海举行，会上发布《全球智慧之都报告（2020）》和《世界公共部门报告（2019）》。

15日，"广西医学科学院发展高峰论坛"在南宁召开，论坛主题为"汇聚高端智库，共商医科发展"。

17日，由上海社会科学院与民盟中央、民盟上海市委共同主办的

"第十二届民盟文化论坛"在上海举行,论坛主题为"文化育人:榜样与传承"。

18—19日,由国务院新闻办公室和上海市人民政府共同主办、上海社会科学院和上海市人民政府新闻办公室联合承办的"第九届世界中国学论坛"在上海举行,论坛主题为"中国共产党·中国·世界"。

19日,由中国社会科学院俄罗斯东欧中亚研究所、陕西师范大学中亚研究所和欧亚经济论坛秘书处共同主办的"2021欧亚经济论坛智库分会国际研讨会"以线上方式举行,会议主题为"互通互融 共享共赢"。

20日,由浙江师范大学非洲研究院主办的"中非智库论坛第十届会议"在杭州召开,会议主题为"团结合作 创新发展 携手共建中非命运共同体"。

21日,由中国社会科学院、联合国南南合作办公室共同主办的"脱贫和可持续发展知识和优秀实践分享南南合作研讨会"在北京举行,论坛主题为"在世界各地消除一切形式的贫困"。

22日,中国国际问题研究院与中国上合组织研究中心联合举办"中亚国家独立暨中国—中亚五国关系三十年"研讨会。

23日,由国务院发展研究中心、宁波市人民政府共同指导,中国经济时报社、宁波市奉化区人民政府联合主办的"2021雪窦山全球智库论坛"在宁波奉化举行,论坛主题为"共同富裕"。

25日,中国科学院科技战略咨询研究院发布《2020中国可持续发展报告:探索迈向碳中和之路》。

是日,由中国外文局、南京和平论坛组委会主办的"'一带一路'媒体智库暨青年对话会"在江苏南京通过线下、线上结合的方式举办,论坛主题为"同心共克时艰,同行共创未来"。

26日,由中国社会科学院、中国—中东欧国家合作秘书处和中国国际问题研究基金会联合主办,中国社会科学院欧洲研究所、中国—中东欧国家智库交流与合作网络、保加利亚外交部外交研究所承办的"第七届中国—中东欧国家高级别智库研讨会"以线上、线下相结合的方式在北京举行。

是日,商务部国际贸易经济合作研究院发布《中国城市商圈发展报告 2021》。

是日,中国(深圳)综合开发研究院发布《陕西秦岭生态环境保护 2020 年度报告》。

27 日,由商务部国际贸易经济合作研究院与浙江省商务厅、杭州市人民政府联合主办的"第二届中国自由贸易试验区发展论坛"在浙江杭州举办,会议主题为"新格局、新使命、新担当"。

28 日,由中共镇江市委宣传部、镇江市文广旅局、镇江市社科联、镇江市旅游协会、镇江市文旅集团、江苏科技大学、新华日报社镇江分社、镇江市旅游学会主办的"第六届镇江智库论坛"在镇江举行,论坛主题为"新旅游 新镇江"。

是日,温州市科技局成立科技创新智库。

29 日,由浙江大学联合中国区域科学协会、国务院发展研究中心发展战略和区域经济研究部等共同发起,浙江大学区域协调发展研究中心等承办的"国家区域协调发展战略论坛"在杭州举办,会议主题为"区域协调发展与推进共同富裕"。会上发布"中国区域发展评价指数体系"。

11 月

1 日,由中国科学院、中国工程院指导,世界顶尖科学家协会与中国科学技术协会共同主办的"第四届世界顶尖科学家论坛"在中国(上海)自由贸易试验区临港新片区开幕,会议主题为"开放科学:构建开放创新生态"。

2日,中国社会科学院财经战略研究院与中国社会科学出版社在北京共同发布《中国城市竞争力报告No.19:超大、特大城市:健康基准与理想标杆》。

3日,福建省侨联、厦门市侨联与厦门理工学院共建的闽侨智库厦门理工学院研究中心成立仪式在厦门举行。

是日,由上海社会科学院国际所主办、美国兰德公司协办的中美东亚竞争管控研讨会以线上方式举办。

6日,由中国社会科学院、中国科学院、中国工程院联合主办,中国工程院承办的"中国城市百人论坛2021年会"在北京举行,会议主题为"新型城镇化的战略优化:智慧、生态与人文"。

是日,由中国科学技术协会、中国科学院、中国工程院主办,联合国教科文组织、国际科学理事会、世界工程组织联合会协办的"第三届世界科技与发展论坛"在北京开幕,论坛主题为"开放、信任、合作"。

9—10日,由中国南海研究院及中国—东南亚南海研究中心主办的2021年"海洋合作与治理论坛"在三亚举办,中国国务委员兼外交部长王毅在开幕式上发表视频致辞。

10日,上海社会科学院发布《2020—2021上海重点产业国际竞争力指数暨"十三五"上海重点产业国际竞争力总报告》。

11日,中国社会科学院与美国印第安纳大学共同举办"中美应对气候变化战略"线上学术交流会。

13日,由上海社会科学院、南通大学共同主办,南通大学江苏长江经济带研究院承办的"第六届长江经济带发展论坛"在南通以线上和线下相结合的方式举行,论坛主题为"迈向现代化的长江经济带高质量发展"。

是日,由长江教育研究院和华中师范大学国家教育治理研究院共同主办,湖北教育出版社和武汉轻工大学协办的"2021教育智库与教育治理50人圆桌论坛暨长江教育研究院创建15周年"在湖北武汉举行,会议主题为"迈向第二个百年新征程:教育智库与教育高质量发展"。

16日,习近平法治思想研讨会暨中国社会科学院全面依法治国智库成立大会在北京召开,会上"中国社会科学院全面依法治国智库"揭牌成立。

17日,由广西大学主办的"2021年中国—东盟大学(国别与区域研究)智库联盟论坛视频会议"在南宁举行,会议主题为"服务西部陆海新通道 聚焦数字经济一体化"。

是日,由中国社会科学院世界宗教研究所、邪教问题研究中心和中国宗教学会主办,中国社会科学院世界宗教研究所数字人文宗教与宗教舆情研究室承办的"第三届互联网＋宗教舆情论坛"在线上举行,论坛主题为"数字文明建设与互联网宗教研究"。

18日,深圳市政府外办与深圳市国际交流合作基金会共同主办的"世界创新城市论坛"在深圳以线上和线下结合的方式举行,会议主题为"共建开放创新平台,应对时代发展挑战",会上中国社会科学院生态文明研究所与联合国开发计划署联合发布了《深圳可持续发展报告摘要(2021年)》。

19日,由人民网、中国社会科学院新媒体研究中心、中共南京市委宣传部共同主办,中共南京市委网信办、南京市大数据管理局、中共玄武区委、玄武区人民政府、人民网舆情数据中心/人民在线、人民网新媒体智库承办的"第五届互联网大数据与社会治理南京智库峰会"在南京举行,会议主题为"提升数字治理效能,筑牢数字安全屏障"。

是日,由中国社会科学院俄罗斯东欧中亚研究所、哈萨克斯坦总统战略研究所、吉尔吉斯斯坦国家战略研究所、塔吉克斯坦总统战略研究中心、土库曼斯坦外交部国际关系研究院、乌兹别克斯坦总统战略与地区研究所等共同主办的首届"中国＋中亚五国"智库论坛以线上、线下相结合的方式在北京举行,会议主题为"阿富汗新形势与中亚安全和发展"。

是日,由复旦大学长三角一体化发展研究院、复旦发展研究院和长三角高校智库联盟共同主办的"2021长三角高校智库峰会"在上海举办,会议主题为"'双循环'新发展格局下长三角城市群协同发展"。

20日,中国社会科学院社会学研究所与天津社会科学院联合主办的第三届"智能社会"高峰论坛在天津召开,会议主题为"智慧赋能与国家治理现代化"。

23日,国务院发展研究中心和英国财政部共同主办"中英推动区域平衡发展线上研讨会"。

是日,由国防大学政治学院西安校区举办的"第二届军队政法论坛"在陕西西安召开,会议主题为"深入学习贯彻习近平法治思想,大力推动新时代军队政法工作高质量发展"。

26日,由中共广州市委宣传部、广州市社科联、华南理工大学联合主办,粤港澳大湾区发展广州智库、华南理工大学公共政策研究院与广州粤港澳大湾区研究院联合承办的"新起点·新平台·新活力:推动粤港澳深度合作——粤港澳大湾区发展广州智库2021年度论坛"在广州召开。

是日,由中国社会科学院台湾研究所、中华全国台湾同胞联谊会、全国台湾研究会、厦门大学台湾研究院、台湾二十一世纪基金会、台湾中国文化大学社会科学院共同举办的"第八届两岸智库学术论坛"在北京举行,会议主题为"弘扬辛亥精神 共创复兴伟业"。

是日,瞭望智库发布《2021农村电商发展趋势报告》。

是日,中共中央党校(国家行政学院)发布《数字政府蓝皮书:中国数字政府建设报告(2021)》。

是日,由中国科普研究所主办的"科普中国智库论坛暨第二十八届全国科普理论研讨会"在线举办,会议主题为"汇智聚力谱新篇,落实《纲要》开新局",科普中国智库在论坛上成立。

是日,由中国国际文化交流中心、中国人民大学主办,中国人民大学国家发展与战略研究院、中国国际文化交流中心"一带一路"绿色发展研究院承办的"第二届'一带一路'绿色发展大会暨全球碳中和趋势下的绿色发展和绿色冬奥会"以线上方式举行。

29日,由中国社会科学院东海问题研究中心、国家全球战略智库、日本研究所共同主办的中国社会科学院东海研究论坛(2021)"东海问题与中日关系"国际学术研讨会在北京举行。

30日,中华日本学会和中国社会科学院日本研究所发布《日本研究报告(2021)》。

是日,由中国传媒大学人类命运共同体研究院主办的"人类命运共同体·国际智库论坛(2021)"在北京举行,会议主题为"共同价值与世界发展理念"。

12月

3日,江苏省知识产权智库联盟在南京成立。

3—5日,由中共韶关市委党校、广东南岭干部学院承办的"第五届长三角—珠三角党校智库合作联盟论坛"在广东韶关举办,论坛主题为"新阶段、新理念、新格局与地方的实践"。

6日,中国社会科学院举行2022年《经济蓝皮书》发布会暨中国经济形势报告会。

7日,新华社国家高端智库向全球全媒发布中英文智库报告《全人类共同价值的追求与探索——民主自由人权的中国实践》。

8日,中国科学院科技战略咨询研究院、文献情报中心与科睿唯安在北京联合向全球发布《2021研究前沿》。

10日,中国社会科学院西亚非洲研究所、中国社会科学院海湾研究中心和社会科学文献出版社共同发布《中东发展报告No.23(2020—2021):新冠肺炎疫情影响下的中东局势》。

是日,中国人民大学国家发展与战略研究院发布《城市氢能发展潜力排行榜》。

13日,中国农业大学联合西北农林科技大学、中国农业科学院、中国林业科学院、中国科学院等国内外42家高校科研机构和企业,在北京共同发起成立"国家农业科技发展战略智库联盟"。

14日,中国工程院、科睿唯安与高等教育出版社在北京联合发布《全球工程前沿2021》中英文报告。

15日,由安徽省委宣传部、省社科联主办的"安徽智库论坛(2021)"在合肥举办,会议主题为"打造'三地一区'建设美好安徽"。

是日,由中国社会科学院、国务院参事室和广西壮族自治区政府联合主办,广西社会科学院、自治区政府参事室、中国社会科学院亚太与全球战略研究院和中国—东盟博览会秘书处承办的"第十三届中国—东盟智库战略对话论坛"以线上+线下的方式在南宁举行,会议主题为"RCEP背景下的中国—东盟合作新机遇新未来"

16日,由中国传媒大学主办,全球化智库(CCG)和太和智库联合协办,中国传媒大学国际中文教育传播研究中心承办的"2021国际中文教育智库论坛"在北京开幕,会议主题为"变局与创新——国际中文教育的机遇与挑战"。

是日,由新华社研究院和韩国"一带一路"研究院共同举办的第二届"中韩智库媒体对话"研讨会以线上、线下相结合的方式举行。

17日,由中国社会科学院社会政法学部、国家治理研究智库主办的"第五届国家治理研究智库高端论坛(2021)"在北京举行,会议主题为"中国特色社会主义现代化新征程中国家治理和共同富裕"。

是日,由广东省社会科学界联合会、广东省社会科学院、广东省农业农村厅、华南理工大学公共政策研究院、中国(海南)改革发展研究院、中国(深圳)综合开发研究院、南方报业传媒集团、华南农业大学等联合举办的"第十届中国南方智库论坛"在广州主会场、海口分会场以线上+线下的方式同步举行,会议主题为"乡村振兴与农业农村现代化"。

是日,"国家区域重大战略高校智库联盟"在南开大学揭牌,该联盟由南开大学京津冀协同发展研究院(经济与社会发展研究院)发起,联合北京大学首都发展研究院、武汉大学中国中部发展研究院、山东大学黄河国家战略研究院、上海财经大学长三角与长江经济带发展研究院、暨南大学经纬粤港澳大湾区经济发展研究院等共同成立。

18日,由福建省人民政府发展研究中心、福建社会科学院、台湾竞争力论坛学会、台湾孙文南院、华夏创意文化交流协会联合主办,闽台历史文化研究院、福建社科院现代台湾研究所共同承办的"第十三届海峡论坛·两岸智库论坛"在福州举行,会议主题为"根与未来同守望——文化促融 智库先行"。

是日,由河南日报报业集团发起的中原"三农"智库联盟在郑州举行启动仪式。

20日,上海市委统战部的指导,由上海市民族和宗教事务局与上海社会科学院共同组建的"坚持我国宗教中国化方向研究基地(上海)"在上海成立。

是日,重庆市推动成渝地区双城经济圈建设智库联盟成立。

21日,中国国际经济交流中心、美国哥伦比亚大学地球研究院、阿里研究院、飞利浦(中国)投资有限公司与社会科学文献出版社共同发布《可持续发展蓝皮书:中国可持续发展评价报告(2021)》。

是日,中国社会科学院财经战略研究院、农业农村部信息中心与京东科技联合发布《数智乡村白皮书(2021)》。

是日,全球化智库(CCG)发布《新发展格局下的中国国际经贸合作与前瞻》研究报告。

22日,由海南省社科联、海南省社科院和中国南海研究院联合举办的"中国(海南)—东盟2021智库论坛"在海口举行,论坛主题为"蓝色经济:开启中国—东盟合作新未来"。

25—26日,由中共中央党校(国家行政学院)、中央党校(国家行政学院)经济学教研部联合云南省商务厅、临沧市委市政府共同主办的"第二届新时代沿边开放论坛(2021)"在北京市与云南省临沧市,以线上、线下结合的方式举办,会议主题为"新格局·新通道·新机遇——双循环视域下的沿边开放"。

26日,中国工程院战略咨询中心、中国岩石力学与工程学会地下空间分会以及中国城市规划学会联合发布《2021中国城市地下空间发展蓝皮书》。

是日,由中国农业大学主办的"国家农业科技发展战略智库联盟第二届农业科技发展战略智库论坛"在北京举行,会议主题为"共谋科技自立自强,助力农业高质量发展"。

是日,石家庄市召开市政府智库成立大会,向市政府智库20位特聘专家和第一批20位顾问专家颁发聘书。

27日,由河南省委宣传部主办,省社会科学院承办的"第三届中原智库年会暨第十二届中原智库论坛"在郑州召开。

28—29日,由上海国际问题研究院主办的"第九届亚信智库论坛"在上海举行,论坛主题为"后疫情时代重建互信的新起点:趋势与任务"。

29日,中国工程院、国家制造强国建设战略咨询委员会在北京发布《2021中国制造强国发展指数报告》。

2022年智库大事记

1月

9日,内蒙古发展改革智库联盟在呼和浩特成立,联盟由内蒙古自治区宏观经济研究中心牵头,联合内蒙古自治区社科院、内蒙古大学、内蒙古财经大学、内蒙古师范大学、内蒙古农业大学、内蒙古工业大学、内蒙古科技大学、内蒙古民族大学、赤峰学院共10家自治区相关智库单位共同发起设立。

11日,中国财政科学研究院发布《促进包容的数字生活指数报告》。

19—21日,中国国际经济交流中心和香港中美交流基金会联合召开的"第三届香港中美论坛"以视频方式举行,论坛主题为"超越分歧·聚焦合作"。

23日,中共海南省委宣传部、中国日报社、中国(海南)改革发展研究院、中国特色自由贸易港研究院主办的"RCEP区域发展媒体智库圆桌论坛"以线上、线下相结合的方式在海口召开,论坛主题为"RCEP生效:展望区域合作与发展新前景"。

25日,中国社会科学院国家金融与发展实验室、中国社会科学院金融研究所共同发布《金融风险报告2021》。

2月

15日,中国人民大学重阳金融研究院与中国人民大学习近平新时代中国特色社会主义思想研究院联合主办、中国人民大学全球治理研究中心承办的"全球治理论坛(2022年春季)"在北京召开。

24日,中国社会科学院科研局、国际研究学部、国家全球战略智库理事会主办,中国社会科学院俄罗斯东欧中亚研究所、中俄战略协作高端合作智库承办,社会科学文献出版社协办的"中国社会科学院国际研究学部2022年度国际问题研讨会暨《中国社会科学院国际形势报告(2022)》发布会"在北京举行。

28日,中国(深圳)综合开发研究院发布《共享创新——加速迈向全球顶级科创湾区》专题报告。

3月

2日,北京师范大学中国教育与社会发展研究院发布《全国"双减"成效调查报告》。

17日,中国人民大学国家发展与战略研究院发布《拜登政府执政首年内外政策评析》报告。

18日,财经智库发布《2022全球经济信心指数报告》。

28日,中国国际经济交流中心发布《数字平台助力中小企业参与全球供应链竞争》报告。

31日,财政部、国务院发展研究中心与世界银行共同发布《中国减贫四十年：驱动力量、借鉴意义和未来政策方向》报告。

4月

8日,中国社会科学院农村发展研究所、国际合作局与美国腹地中国协会主办的"中美农业圆桌论坛：智库对话会"以线上、线下相结合的方式举行,主题为"乡村振兴与气候变化"。

14日,中国(深圳)综合开发研究院与盘古智库联合举办"中日邦交正常化50周年：人口老龄化影响与应对论坛"。

21日,印尼战略与国际问题研究中心、中国(海南)改革发展研究院等9个亚洲国家的17个智库和相关学者发起成立海南自由贸易港—东盟智库联盟。

26日,广东省社会科学院发布2022年度蓝皮书《广东经济社会发展形势与分析(2022)》。

5月

19—20日,金砖国家智库合作中方理事会、中国民间组织国际交流促进会共同举办"金砖国家政党、智库和民间社会组织论坛",论坛主题为"团结合作推动发展,携手迈向美好未来"。国家主席习近平向论坛致贺信。

29日，中共海南省委宣传部、中国日报社、中国人民外交学会、中国(海南)改革发展研究院主办，中国特色自由贸易港研究院承办的"开放合作　发展共赢：共建全球最大自贸区——RCEP区域发展媒体智库论坛"以线上、线下的方式在海口召开。

6月

1日，中国社会科学院和俄罗斯国际事务委员会联合主办的"中俄智库高端论坛"以视频连线方式在北京和莫斯科召开，论坛主题为"中国与俄罗斯：新时代合作"。

14日，国务院发展研究中心——世界银行联合研究项目"中国生态文明建设进程中的水价值评估与实现"成果发布会在线上举行，会议发布了《中国生态文明建设进程中的水价值：识别、评估与实现》项目总报告。

16日，辽宁省成立"RCEP(《区域全面经济伙伴关系协定》)智库"。

是日，首都统战智库联合会在北京成立，联合会由中共北京市委统战部、北京社会主义学院牵头，各民主党派市委及相关团体等统战系统单位参与。

18日，河南省社会科学院、中国(海南)改革发展研究院、商务部国际商报社共同主办的"现代化建设高端论坛暨第十三届中原智库论坛"在郑州举行，论坛主题为"全面深化改革开放，高质量建设现代化河南"。

22日，南方财经全媒体集团联合中国(深圳)综合开发研究院发布《现代海洋城市研究报告(2021)》。

23日，四川省委统战部与重庆市委统战部共同发起成立"兴川助渝侨界智库"。

24日，中国社会科学院国家金融与发展实验室、中国社会科学院金融研究所、社会科学文献出版社共同发布《金融监管蓝皮书：中国金融监管报告(2022)》。

25日，云南省社会科学界联合会主办的"云南农业农村现代化社会智库论坛"在昆明富民举办，此次论坛旨在探讨云南农业农村农民的现代化。

是日，中国科协与湖南省人民政府主办，中国科协创新战略研究院承办的"2022中国科技智库论坛"在长沙举办，论坛主题为"科技自立自强战略目标下我国整体科技创新能力提升——使命与责任"。

7月

2日，中国电子信息产业发展研究院和安恒信息共同发布《数字城市网络安全评价指数白皮书(2022)》。

4日，国务院新闻办主办，中国社会科学院、国务院发展研究中心、中央广播电视总台共同承办的"'全球发展：共同使命与行动价值'智库媒体高端论坛"在北京举行。

5日，中国人民大学重阳金融研究院联合21世纪经济研究院举办"碳中和2060与绿色金融论坛(2022年夏季)"，会议主题为"气候投融资与中国未来"。会上发布《气候投融资与中国未来》报告。

5—6日，中国国际经济交流中心主办的"第七届全球智库峰会"在北京举行，会议主题为"携手应对全球挑战，合作促进世界发展"。

10日，上海社会科学院、上海国际问题研究院、上海市社会科学界联合会、中共上海市委党校共同主办的"时代之变　世界之问——习近平新时代中国特色社会主义思想理论与实践研讨会"以线上、线下结合的方式在上海召开。

16—17日,中国人民大学重阳金融研究院主办的"2022宏观形势年度论坛·夏季年会"在北京举办,论坛主题为"变局·重塑·发展——中国与世界"。

19日,中国(深圳)综合开发研究院发布《数"链"大湾区——区块链助力粤港澳大湾区一体化发展报告(2022)》。

21日,中非合作论坛中方后续行动委员会秘书处主办,中国非洲研究院承办的"中非智库论坛第十一届会议"在北京举行,会议主题为"弘扬中非友好合作精神,携手践行全球发展倡议"。

22日,中国社会科学院中国边疆研究所与社会科学文献出版社联合发布《中国周边关系蓝皮书:中国与周边国家关系发展报告(2022)》《中国与周边国家关系研究》(第一辑)。

26日,中国社会科学院农村发展研究所发布《中国农村发展报告2022》。

29日,中国外文局中东欧与中南亚传播中心(人民画报社)主办,中国—上海合作组织地方经贸合作示范区管理委员会协办的"2022上合组织国家媒体智库论坛"在青岛举行,主题为"共谋新愿景开启新征程"。

31日,北京大学国家发展研究院举办的"'平台经济创新与治理'研讨会暨《平台经济:创新、治理与繁荣》发布会"在北京举行。

8月

1—2日,军事科学院主办的第五届"强军论坛"在北京举行,论坛主题为"学习贯彻习近平强军思想,加快国防和军队现代化"。

5日,中国外文局、中国社科院国家全球战略智库、中国—东盟中心共同主办的"2022中国—东盟媒体智库论坛"在北京举办,论坛主题为"全球发展:命运与共 协同行动"。

11日,浙江大学区域协调发展研究中心发布《全球移动通信产业战略研究报告》。

26日,中国社会科学院民族学与人类学研究所、中国社会科学院西藏智库主办的"第六届西藏智库国际论坛暨2022中国藏学论坛"在北京召开,论坛主题为"新时代西藏高质量发展:永续与共享"。

是日,中国社会科学院主办、中国社会科学杂志社承办的"学术中国·2022国际高峰论坛"在北京开幕,会议主题为"大变局中的文明:中国与世界"。

9月

5日,瞭望智库在杭州发布《解码之江实验室——科技创新新型举国体制下的之江探索》研究报告。

7日,北京市社会科学院与社会科学文献出版社共同主办"北京社科智库2022系列皮书、集刊、论丛成果发布暨学术研讨会"。

12日,外交部驻澳门公署、澳门特区政府举办"立足澳门平台,推动新时代中国与葡语国家更紧密合作——中国与葡语国家智库论坛"。

14—16日,"2022江西智库峰会"在南昌举行,本届峰会由江西省委、省政府和中国科学院举办,主题为"创新江西·智涌赣鄱"。

15日,中国石油集团国家高端智库(经济技术研究院)与肯尼亚非洲政策研究所共同举办的"2022中非智库能源论坛"在北京和内罗毕两地连线举行,论坛主题为"气候变化与能源转型"。

16日,普华永道联合中国(深圳)综合开发研究院发布《新机遇大未来——专业人才流动助力深港融合发展》报告。

17日,国务院发展研究中心等四部门和北京市政府共同举办的"2022全球能源转型高层论坛"在北京开幕,论坛主题为"数字赋能 绿色未来"。会上发布《中国能源革命进展报告——能源供给革命(2022)》。

20日,中国社会科学院、国务院参事室和广西壮族自治区人民政府联合主办,广西社会科学院、广西壮族自治区人民政府参事室、中国社会科学院亚太与全球战略研究院、广西特色新型智库联盟和中国—东盟博览会秘书处承办的"第十四届中国—东盟智库战略对话论坛"在南宁举行,论坛主题为"携手建设更为紧密的中国—东盟命运共同体"。

是日,辽宁社会科学院与社会科学文献出版社联合发布《辽宁蓝皮书:辽宁经济社会发展报告(2022)》。

24日,陕西省社会科学院主办的"第三届'一带一路'长安智库论坛暨谱写陕西高质量发展新篇章论坛"在西安举行,论坛主题为"谱写陕西高质量发展新篇章、'一带一路'建设、中国特色新型智库建设"。

是日,天津社会科学院、天津市蓟州区人民政府、民革天津市委员会联合在天津举办"三农"发展系列高端智库论坛——第六届"小穿论坛",论坛主题为"聚焦数字乡村 接续全面振兴"。

25—26日,中国发展战略学研究会与中国科学院科技战略咨询研究院共同主办,中国发展战略学研究会智库专业委员会承办的"第三届智库建设理论研讨会"在北京举行。

27日,中蒙俄智库合作中心(联盟)主办、中国内蒙古自治区宏观经济研究中心轮值承办的"中蒙俄智库国际论坛2022年会"以视频会议形式在呼和浩特举办,论坛主题为"聚焦中俄蒙会晤共识 深化三方务实合作"。

是日,国务院发展研究中心资源与环境政策研究所、水利部发展研究中心、黄河勘测规划设计研究院共同撰写的《流域发展指数研究报告（黄河1990—2020）》在北京发布。

28日，商务部国际贸易经济合作研究院在北京举办《中国"一带一路"贸易投资发展报告2022》发布会暨研讨会。

是日，中国社会科学院生态文明研究所、湖北省社会科学院联合举办的"长江高端智库对话2022"活动在武汉举行，主题为"推动流域综合治理，统筹四化同步发展"。

29日，民盟中央、中国科学院大学联合举办，中国科学院大学玉泉智库承办的"2022年度玉泉智库论坛暨2021年度优秀智库成果表彰会"在北京举行，会议主题为"双碳目标与绿色低碳发展"。

是日，复旦大学中国研究院、泰国正大管理学院暹罗智库、上海春秋发展战略研究院、清华大学中国论坛共同主办的"中泰智库高端对话之'共建中泰命运共同体：东方价值下的社会治理与次区域治理论坛'"以线上、线下相结合的形式在上海、曼谷同步举行。

10月

12日，中国人民大学和爱尔兰都柏林大学主办，中国人民大学国家发展与战略研究院、都柏林大学孔子学院和爱尔兰中国研究所承办的"中欧气候合作论坛"在北京举办，论坛以"中欧气候合作"为主题。

13—14日，上海社会科学院、中国（深圳）综合开发研究院和天津滨海综合发展研究院联合举办"第十八届沪津深三城论坛"，主题为"促进区域经济复苏：新形势与新挑战"。

25日，河北省公共政策评估研究中心举办"第十届公共政策智库论坛暨中国式现代化建设国际学术研讨会"，会议主题为"中国式现代化建设及其相关问题"。

29日,中国(海南)改革发展研究院、中国银行、中国日报社与中国公共外交协会联合主办的"'把握机遇挑战的中国与世界'——第88次中国改革国际论坛"在海口召开。

30日,中国(海南)改革发展研究院、中国特色自由贸易港研究院共同主办的"'中国—东盟全面战略合作中的海南自由贸易港'国际论坛"在海口召开。

31日,"厦门大学—新加坡管理大学全球论坛"以网络会议的形式在中国和新加坡两地连线举行,本次论坛主题是"通过创新在不确定且复杂的世界实现经济增长——中新两国视角"。

是月,经中央军委批准,在中央军委党史工作领导小组指导下,军事科学院组织编写的《强军十年大事记》由《解放军报》全文刊载。

是月,为迎接中国共产党第二十次全国代表大会的胜利召开,中共中央党史和文献研究院编写刊发了《党的十九大以来大事记》。

是月,上海社会科学院"重要学术成果丛书·高质量发展系列"作为上海社会科学院哲学社会科学创新工程的年度系列成果出版。

是月,贵州省社会科学院编著的《贵州脱贫攻坚的理论和实践研究》《贵州省新型城镇化研究》出版。

10—11月,中国国际工程咨询有限公司先后与中国能建集团、中核集团、中国经济体制改革研究会等在北京签署战略合作协议。

11月

1日,广东外语外贸大学广东国际战略研究院和韩国东西大学联合主办的"第四届21世纪海上丝绸之路—新南方政策合作研讨会"在中韩两地召开,论坛主题为"深化中韩地方合作,助力两国关系新发展"。

2日,当代中国与世界研究院、清华大学战略与安全研究中心中国论坛、新加坡国立大学东亚研究所联合主办的"思想亚洲智库论坛"在新加坡举办,会议议题为"亚洲现代化道路上的挑战""全球经济复苏与亚洲区域合作""亚洲安全与合作"。

3日,山东社会科学院主办,济南社会科学院、东营市社会科学院协办的"华东六省一市社科院院长论坛暨学习贯彻党的二十大精神座谈会"在济南召开。

是日,中国—东南亚南海研究中心、华阳海洋研究中心、中国海洋发展基金会和中国南海研究院联合主办的"2022年海洋合作与治理论坛"在海南三亚开幕。中共中央政治局委员、国务委员兼外交部长王毅发表视频致辞。

4日,阿里云与中国信通院产业与规划研究所、中国软件评测中心、国家工业信息安全发展研究中心信息化所、长城战略咨询等智库机构,共同发布一套六册的《云上数字政府建设系列参考指引》。

5日,中国传媒大学人类命运共同体研究院主办的"人类命运共同体·中国智库论坛(2022)"在中国传媒大学召开,论坛主题为"大变局下的全球安全、国家发展与国际传播"。

8日,国务院国资委研究中心指导、中央企业智库联盟主办、中国联通研究院与阿里巴巴集团承办的"中国企业智库建设平行论坛"在"第五届中国企业论坛"上召开。

8—9日,中国社会科学院俄罗斯东欧中亚研究所、哈萨克斯坦总统战略研究所、吉尔吉斯斯坦总统战略研究所、塔吉克斯坦总统战略研究中心、土库曼斯坦外交部国际关系学院、乌兹别克斯坦总统战略与地区研究所共同主办的"第二届'中国＋中亚五国'智库论坛"举行,论坛主题为"中国与中亚:走向共同发展的新路径"。

9日,上海社会科学院与民盟中央、民盟上海市委共同主办"第十三届民盟文化论坛",论坛主题为"踵事增华——守正与创新"。

9—11日,世界互联网大会主办、浙江省人民政府承办的"2022年世界互联网大会乌镇峰会"举行,峰会主题为"共建网络世界 共创数字未来——携手构建网络空间命运共同体"。

12日,中国人民大学和香港理工大学联合主办,中国人民大学国家发展与战略研究院、香港理工大学科技及创新政策研究中心、泰中"一带一路"合作研究中心和中国国际文化交流中心"一带一路"绿色发展研究院共同承办,国网能源研究院、水电水利规划设计总院、中国石化经济技术研究院、中国石油经济技术研究院、中国人民大学丝路学院和中国人民大学国际关系学院协办的"APEC能源智库论坛2022"以线上、线下会议结合的形式举行。

15日,日本国际经济交流财团、中国(海南)改革发展研究院、中国公共外交协会、韩国东亚财团主办的"第九届中日韩合作对话"以线上、线下的方式召开。

17日,金砖国家智库合作中方理事会主办,厦门市金砖办、市外办承办的"2022金砖国家智库国际研讨会"在厦门召开,论坛主题为"加快金砖创新基地建设,贡献全球发展合作力量"。

是日,第十三届财新峰会正式拉开帷幕,本届峰会以"共享发展新机遇"为主题,设1个主会场、3个分会场——北京、深圳、新加坡、曼谷四地联动,并特别设置APEC专场,线上、线下相结合召开。

19日,中国科学院大学公共政策与管理学院、中国科学院科技战略咨询研究院和中国科学学与科技政策研究会共同主办的"第五届公共治理与创新发展高峰论坛暨2022年全国公共管理学术年会"在北京举行,论坛主题为"面向中国式现代化的公共管理创新"。

是日,深圳大学主办的"2022首届深大湾区论坛"以线上、线下的形式召开,论坛主题为"新时代'双区'建设与深圳高质量创新发展"。

是日,中国社会科学院和云南省人民政府主办,中国社会科学院亚太与全球战略研究院、云南省社会科学院/中国(昆明)南亚东南亚研究院和中共中央对外联络部当代世界研究中心承办的"第八届中国—南亚东南亚智库论坛"在昆明开幕,论坛主题为"深化务实合作 共谋创新发展——中国与南亚东南亚命运共同体建设"。

20日,浙江大学与中国区域科学协会、国务院发展研究中心发展战略和区域经济研究部、中国社会科学院生态文明研究所、中国科学院地理科学与资源研究所联合主办的"第二届国家区域协调发展战略论坛"在浙江大学紫金港校区举行,论坛主题为"区域协调发展与中国式现代化"。

26日,山东大学、山东省科学技术协会、中国区域经济50人论坛和青海师范大学主办的"第二届黄河发展论坛 中国区域经济50人论坛第22次研讨会暨第六届鲁青论坛"在济南举办,论坛主题为"黄河流域生态保护和高质量发展"。

11月30日—12月1日,中国南海研究协同创新中心主办的"2022年度南海论坛"在南京举行,论坛同时也是南京大学国际关系学院"国关学术周"的系列活动之一。

11—12月,赛迪研究院发布多项研究报告,院长张立发布《2022中国数字经济发展研究报告》《虚拟现实产业发展白皮书(2022年)》,副院长刘文强发布《中国新型显示产业发展现状与趋势洞察》《2022中国科技创新竞争力研究》。

12 月

1日,中央党校(国家行政学院)与中央党史和文献研究院、北京大学联合举办的"第三届发展中国家国家治理高端智库论坛"召开,论坛主题为"发展中国家的现代化道路:理念与实践"。

是日,中央党校(国家行政学院)和尼日利亚国家政策与战略研究所共同主办的"中尼国家经济社会发展与战略规划学术研讨会"以线上方式召开。

5日,中国人权发展基金会、新华社国家高端智库联合发布中英文智库报告《为了人民幸福生活——当代中国人权观的实践和理论探索》。

8日,"国家区域重大战略高校智库联盟第二届年会暨深入实施区域重大战略与推进中国式现代化高端论坛"在线上举行,年会由国家区域重大战略高校智库联盟和暨南大学共同主办,暨南大学经纬粤港澳大湾区经济发展研究院承办。

10日,清华大学国情研究院和东京大学现代中国研究基地联合举办的"第二届清华大学—东京大学发展政策研讨会"在线上举行,论坛主题为"制约与合作——国际新格局下中日经济关系展望"。

是日,江苏省哲学社会科学界联合会和南京大学主办的"首届江苏青年经济学者论坛"在南京大学举行。

是日,电力规划设计总院和中国欧盟商会联合主办的第二届中欧能源技术创新合作论坛在线上召开,论坛主题为"中欧能源创新技术的商业化路径"。

11日,四川欧美同学会、重庆欧美同学会共同主办的"第二届川渝数字经济创新发展论坛"在成都举行,论坛主题为"数字经济赋能乡村振兴"。

12日,中国国际经济交流中心和大韩商工会议所共同主办的"第三轮中韩企业家和前高官对话"以视频方式举办,双方代表围绕"全球经济形势与中韩经济发展""中韩经贸投资关系前景"等议题展开了深入交流。

是日,上海社会科学院和三菱商事(中国)有限公司主办的"2022中日碳中和论坛"在上海举行,论坛主题为"中日碳中和互鉴:战略、政策与技术创新"。

13日,北京大学国家发展研究院和百度财经智库联合主办"首场'展望2023'系列论坛",论坛围绕"疫情三年后,中国社会和经济如何转好"主题,特邀著名流行病学专家曾光和北大国发院院长姚洋连线。

15日,中国国际经济交流中心和欧洲企业协会共同主办的"第五轮中国—欧盟工商领袖和前高官对话"举办,双方代表围绕"中欧供应链合作与世界经济复苏增长""深化中欧双边贸易和投资合作"等议题展开交流。

16日,全球化智库(CCG)主办的"第七届中国全球智库创新年会"在北京举行,年会围绕"后疫情时代的中美竞争与合作""重启后疫情时代的人文交流""亚太地区发展与合作""中国式现代化与对外开放合作""国际变局中的中欧智库交流"等主题进行了研讨。

17日,南京大学与江苏省社会科学院共同主办、南京大学中国智库研究与评价中心承办的"2022新型智库治理论坛"在南京举行,论坛主题为"学习贯彻党的二十大精神,提升新型智库咨政服务能力"。

是日,中国经济时报社、宁波市社会科学院、宁波市奉化区人民政府、中民协元宇宙工作委员会联合主办的"2022雪窦山全球智库论坛"在宁波奉化举行,论坛以"未来经济与'元宇宙'创新发展"为主题。

是日,长江教育研究院、华中师范大学国家教育治理研究院、广州大学教育学院主办的"2022教育智库与教育治理50人圆桌论坛"在武汉、广州、开封同步举办,论坛以"加快中国式教育现代化进程,建设教育强国"为主题。

20日,中国南海研究院和海南省社会科学界联合会、海南省社会科学院联合举办的"中国(海南)—东盟2022智库论坛"在海口举行,论坛以"新时代构建中国—东盟蓝色经济伙伴关系:合作促进发展"为主题。

是日,中国外文局、中国浦东干部学院在北京举办"中国共产党国际形象传播创新论坛(2022)",论坛主题为"讲好中国共产党奋进新征程的故事"。

21日,深圳市人民政府、工业和信息化部中小企业发展促进中心和中国中小企业国际合作协会共同主办的"2022年亚太经合组织(APEC)中小企业工商论坛"在深圳开幕,论坛主题为"走专精特新之路,共育亚太包容可持续发展新动能"。

24日,广东外语外贸大学、中国社会科学院世界经济与政治研究所、广东国际战略研究院联合主办的"第二届全球经济治理学术论坛"在广州举办,论坛主题为"人类命运共同体与全球经济治理体系改革和建设"。

27日,"'一带一路'国际智库合作委员会2022年理事会会议"以线上、线下相结合的方式举行。

29日,海南省地方金融监督管理局主办的"2022自贸港金融论坛"在海口召开,论坛主题为"汇力成金 融通世界"。

2023 年智库大事记
1 月

5日,中国财政科学研究院与财政部国际财经中心在北京举行签约仪式,财政部副部长王东伟及相关司局长见证签约,财科院院长刘尚希与国际财经中心主任杨英明代表双方签署战略合作协议。

7日,南京医科大学主办的"'江苏省健康研究院'揭牌暨健康发展高峰论坛"在南京举行,论坛主题为"江苏省健康高质量发展"。

12日,"卓越大学智库联盟成立大会"在南京举行。该联盟由东南大学提出倡议,北京理工大学、重庆大学、大连理工大学、哈尔滨工业大学、华南理工大学、天津大学、同济大学、西北工业大学共同发起。中国科学院院士、东南大学校长黄如和各高校相关负责人线上签约,共同签署"卓越大学智库联盟框架协议"。

是日,中国社会科学院在北京举办"中国社会科学院创新工程2022年度重大科研成果发布会",发布26项重大科研成果。

17日,浙江省哲学社会科学工作办公室发文,公布了2022年浙江省新型智库遴选结果,浙江大学中国科教战略研究院等8家智库被列为省新型重点专业智库,浙江传媒学院浙江省社会治理与传播创新研究院等2家智库被列为省新型重点培育智库。

19日,由中国外文局中东欧与中南亚传播中心(人民画报社)主办,云南省社会科学院和印度喀拉拉邦大学中国研究中心、政治学系协办的"中印媒体智库论坛"以线上、线下相结合的方式举办。来自中印两国媒体、智库、高校的12位专家学者围绕"新起点新愿景:2023中印关系与人文交流"主题进行了深入讨论。

2月

6日,商务部国际贸易经济合作研究院在线上、线下同步举办"《中国绿色贸易发展报告(2022)》发布会暨研讨会"。与会专家围绕报告内容就"绿色贸易发展趋势""绿色贸易体系建设""国际低碳规则""全球碳市场建设"等议题展开研讨。

25日,"中国大学智库论坛第七届年会"在复旦大学举行,会议聚焦"以中国式现代化全面推进中华民族伟大复兴"主题。

27日,中国财政科学研究院举行"当前财政经济形势研讨会暨2022年'企业成本和地方财政经济运行'调研成果发布会"。

是日,上海社会科学院经济研究所召开《上海经济发展报告(2023):数字经济与"双碳"转型》发布会。

28日,中国国际经济交流中心举办"《中国碳达峰碳中和进展报告(2022)》发布暨'碳达峰碳中和'研讨会"。

3月

1日,新华社国家高端智库发布智库报告《迈向现代化强国的发展密码——习近平经济思想的时代特质和实践价值》。

7日,中央党校(国家行政学院)科研部组织召开"《黄河流域发展蓝皮书:黄河流域高质量发展及大治理研究报告(2022)》出版座谈会",研讨黄河流域生态保护和高质量发展的若干重大理论及实践问题。

19日,对外经济贸易大学"第二届北京对外开放发展论坛暨首都高端智库蓝皮书发布会"在北京举办,会议主题为"以党的二十大精神为引领,助力北京高水平对外开放"。

23日,"中国上海合作组织研究中心2023年年会"在北京举行,主题是"新形势下上合组织合作的方向和路径"。

24日,"智库人才培养联盟"成立大会在北京召开,来自国家高端智库、高等院校、政府机关、企业单位和社会智库的67家联盟单位代表参会。

是日,由中国网络空间安全协会和中国欧盟商会共同主办的"2023年中欧数字领域二轨对话"在北京举行。

25日,由万里智库主办,广东中财经济研究院、丝路绿金产业联盟联合主办的"2023万里智库春季大会"在北京召开。

是日,由北京师范大学国家高端智库中国教育与社会发展研究院主办的"第十二届中国社会治理论坛"在北京举行,主题为"学习贯彻党的二十大精神和全国两会精神,推进社会治理现代化"。

25—27日,由国务院发展研究中心主办的"中国发展高层论坛2023年年会"在北京召开,主题为"经济复苏:机遇与合作"。

27日,IP SHANGHAI上海城市形象资源共享平台与上海交通大学中国城市治理研究院联合发布中英文版《全球城市形象数字传播研究报告》。

28日,由中国人权研究会、中国西藏文化保护与发展协会、中国藏学研究中心共同主办的"第七届北京国际藏学研讨会前期分会——西藏教育发展专题国际研讨会"在北京举行,主题为"中国西藏教育现代化和受教育权保障",60余名国内外有关专家学者以线上、线下相结合的方式参会。

28—31日,"博鳌亚洲论坛2023年年会"在海南召开,年会主题为

"不确定的世界：团结合作迎挑战，开放包容促发展"。

30日，中国国际问题研究院与世界知识出版社在北京共同举行"《国际形势和中国外交蓝皮书（2022/2023）》发布会暨'2023年大国关系与中国外交'研讨会"。

是日，江苏省社会科学院在南京主办"第二十五届全国社会科学院院长论坛"，主题为"以中国式现代化全面推进中华民族伟大复兴"。

30—31日，由中共中央宣传部、中国外文局主办，江苏省委宣传部、江苏省人民政府外事办公室、当代中国与世界研究院、中国外文局欧亚传播中心（人民画报社）、扬州市人民政府共同承办的"金砖国家治国理政研讨会暨人文交流论坛"在扬州召开。专家们围绕"共商金砖合作新蓝图，共建全球发展新格局""深化金砖人文交流，筑牢高质量伙伴关系"等主题展开研讨交流。

31日，中国劳动和社会保障科学研究院在北京召开"党的二十大战略人才新理念研讨会暨《中国人工智能人才发展报告（2022）》发布会"。

4月

6日，由中国国际经济交流中心和中译出版社主办的"《中欧竞合：大变局下的利益再造》发布会暨中欧合作前景与挑战研讨会"在北京召开。

8日，"'新疆维吾尔自治区工商联（总商会）促进和服务民营经济发展智库'成立大会暨第一次会议"召开，会上审议通过了工商联智库顾问名单、建设方案和运行规则办法。

是日，由中央党校（国家行政学院）高端智库、中央党校（国家行政学院)经济学教研部、中国市场经济研究会主办的"中央党校(国家行政学院)国家高端智库乡村振兴论坛(2023)"在四川成都举行,主题为"新征程·新理念·新乡村——中国式现代化进程中的乡村振兴"。

11日,由新京报社、千龙网主办的"信心与繁荣——2023新京智库春季峰会"在北京开幕。

12日,由中国社会科学院国际合作局、中国社会科学院农村发展研究所、美国腹地中国协会主办的"2023(第三届)中美农业圆桌论坛:智库对话会"在线上召开,主题为"农村发展和全健康"。

是日,上海市科学学研究所联合江苏省科技情报研究所、浙江省科技信息研究院、安徽省科技情报研究所共同发布《2022长三角区域协同创新指数》,这是三省一市4家科技智库第四次共同发布该指数报告。

13日,由中国(海南)改革发展研究院主办,中国特色自由贸易港研究院、海南改革发展研究基金会承办的"2023海南自由贸易港论坛"在海口召开,主题为"高水平开放的海南自由贸易港——2025封关运作的重大任务"。

是日,"'青海省党校(行政学院 社会主义学院)系统智库联盟'成立大会"在西宁举行。联盟是由青海省委党校倡议,各市(州)委党校、"两弹一星"分校、省直机关分校共同发起的智库工作研究交流平台。

是日,中国社会科学院农村发展研究所、福建省乡村振兴促进会、央广网共同主办的"首届海峡两岸乡村振兴与共同富裕论坛暨两岸乡村振兴与'三茶'成果展"在厦门开幕。

15日,由中国国际经济交流中心和威海市政府联合指导,中国卫生健康发展评价报告课题组和威海市发展改革委共同主办的"《中国卫生健康发展评价报告(2022)》蓝皮书发布会"在威海召开。

是日,中国政府监管与公共政策研究院、中国工业经济学会产业监管专业委员会、中国能源研究会能源监管专业委员会、中国城市科学研究会城市公用事业改革与监管专业委员会共同主办第"十二届中国政府管制(监管)论坛"。

18日,中联部当代世界研究中心和印尼外交政策协会在印尼共同举办"'看中国听世界'海外论坛"。

21日,由中国公共外交协会、中国人民外交学会和上海市人民政府共同主办的"'中国式现代化与世界'蓝厅论坛"在上海举行。

22日,"环球时报30年发展与未来研讨会暨'环球时报研究院'揭牌仪式"在北京举行。

24日,由中国外文局所属当代中国与世界研究院、中国外文局亚太传播中心、泰中"一带一路"研究中心主办的"'当代中国与世界'中泰青年人文交流论坛"在泰国曼谷举行,论坛主题为"共建'一带一路'的中泰青年责任与使命"。

27日,由中央统战部、中央宣传部、教育部、国家民委有关业务部门主办的"第二届铸牢中华民族共同体意识研究论坛"在广州举行,主题为"中国式现代化与中华民族共同体建设"。

28日,广东省社会科学院、社会科学文献出版社在广州联合发布《粤港澳大湾区蓝皮书:粤港澳大湾区建设报告(2022)》,并举行"2023粤港澳大湾区建设专家研讨会"。

是日,清华大学国情研究院与清华大学出版社联合举办"《伟大复兴:中国式现代化的国情研究》新书发布会暨'中国式治理现代化'专题研讨会"。

5月

6—7日,由中国科学学与科技政策研究会主办,中国科学学与科技政策研究会青年工作委员会、湖南大学公共管理学院、《岳麓公共治理》期刊联合承办的"第十五届中国青年创新论坛"在湖南长沙举行,主题为"新发展格局下创新发展与现代化建设"。

11日,由全球化智库(CCG)、澳门贸易投资促进局、广东省粤港澳合作促进会支持,国际人才组织联合会(AGTO)、CCGM中国·东盟大湾区合作中心联合主办的"2023全球人才峰会"在澳门开幕。

13日,由浙江大学区域协调发展研究中心、"一带一路"智库合作联盟秘书处等单位联合主办的"推动共建'一带一路'高质量发展——十年回顾与展望研讨会"在浙江大学紫金港校区举行。

是日,由山东省人民政府外事办公室、山东省人民政府新闻办公室和察哈尔学会共同主办的"首届雪野湖公共外交论坛"在济南举行。

15日,中国人民大学残疾人事业发展研究院、社会科学文献出版社、中国残疾人事业新闻宣传促进会共同在北京发布《残疾人事业蓝皮书:中国残疾人事业研究报告(2023)》。

16日,由上海社会科学院与中国浦东干部学院、经济日报社联合主办的"中国特色新型智库建设高层论坛(2023)"在上海召开,主题为"牢记初心、为党献策"。

是日,由中国非洲研究院主办的"第二届中非文明对话"在北京举行,主题为"中国式现代化与非洲发展道路"。

17日,由中国社会科学院、浙江省人民政府主办,中国社会科学院欧洲研究所、中国—中东欧国家智库交流与合作网络和宁波市人民政府承办的"第二届中国—中东欧国家地方合作高质量发展高端智库论坛"在宁波举行。

18日,国家国际发展合作署举行"《国际发展合作的中国实践》发布会"。

20日,在广东省自然资源厅、自然资源部海洋战略规划与经济司、自然资源部南海局联合指导下,广东省海洋发展规划研究中心承办的"2023年粤港澳海洋合作发展论坛院士论坛"在广州举行,主题为"陆海统筹、山海互济,全面建设海洋强省"。

是日,由中国社会科学院、中国科学院、中国工程院联合主办的"中国城市百人论坛2023年会暨青年论坛"在北京举行,主题为"中国式现代化:城市的宜居、韧性与智慧"。

20—21日,由中国社会科学院习近平新时代中国特色社会主义思想研究中心与河北省委宣传部主办的"全国社会科学院系统'习近平新时代中国特色社会主义思想论坛'"在石家庄举办,主题为"党的二十大与习近平新时代中国特色社会主义思想的新发展"。

20—23日,由"一带一路"国际科学组织联盟发起,广东省人民政府主办的"2023大湾区科学论坛"在广州开幕,中央政治局委员、广东省委书记黄坤明出席开幕式,论坛主题为"智汇湾区,湾和世界"。

23—24日,由上海社会科学院和德国艾伯特基金会共同主办的"第八届绿色发展论坛:城市可持续交通的未来"在上海召开,中德两国专家学者以现场会议与视频连线的方式,探讨城市可持续交通的愿景目标、面临挑战和解决方案。

24日,中国国际经济交流中心与澳大利亚国立大学举行"中澳圆桌交流会",与会专家学者围绕"气候变化与能源转型""RCEP与区域合作倡议"两个议题进行交流研讨。

是日,"安徽国资国企研究院"正式揭牌成立。安徽国资国企研究院是在安徽省国资委指导下,由安徽国控集团牵头联合省交控集团、省能源集团、省投资集团及上海国资研究院共同出资设立。

25日,中国石油集团经济技术研究院和中国人民大学国家发展与战略研究院联合举办"'一带一路'能源合作智库论坛",主题为"智领未来:构筑共商共建共享的能源智力丝路"。

25—30日,科技部、国家发展改革委、工业和信息化部、国务院国资委、中国科学院、中国工程院、中国科协、北京市政府在北京共同主办"2023中关村论坛",主题为"开放合作·共享未来"。

27日,由中国非洲研究院、中国社会科学院国家全球战略智库主办的"第三届大航海时代与21世纪海上丝绸之路海峡两岸学术论坛"在厦门举行。

27—28日,由中共中央对外联络部研究室、同济大学中国战略研究院主办的"第五届中国战略论坛暨'新时代新征程上的中国特色大国外交'高端研讨会"在上海举行。

27—29日,由江苏省应急管理厅和南京大学主办的"'长三角安全发展与应急管理研究联盟'成立仪式暨首届论坛"在南京举行。

29日,由江苏省社会科学院主办,江苏省社会科学院无锡分院承办的"第31期江海论坛暨'中国式现代化的地方新实践'研讨会"在无锡召开。

是日,由北京市科学技术研究院、中国科学技术发展战略研究院、中国科学院科技战略咨询研究院、中国科协创新战略研究院共同主办的"2023全球科技创新高端智库论坛"在北京召开,主题为"未来产业和创新生态:全球智库之声"。

30日,在习近平总书记关于加强国际传播能力建设重要讲话发表两周年之际,中央广播电视总台与中国人民大学合作共建的"新时代国际传播研究院"正式成立,中宣部副部长、中央广播电视总台台长慎海雄与中国人民大学党委书记张东刚共同为研究院揭牌。

是日,由中国南海研究院(NISCSS)和韩国海洋战略研究所(KIMS)联合主办的"2023年中韩海洋合作论坛"在线上召开。中韩两国专家学者围绕"增强东北亚海域态势感知合作"及"东北亚海洋环境保护与合作"等议题进行了深入交流。

30—31日,由中非合作论坛中方后续行动委员会秘书处主办,浙江省人民政府外事办公室、浙江师范大学、金华市人民政府承办的"中非智库论坛第十二届会议"在金华举行,主题为"中国与非洲百年复兴与合作"。

6月

1日,人民网、中共博尔塔拉蒙古自治州委员会、博尔塔拉蒙古自治州人民政府主办"第七届全国党媒网站高峰论坛"在新疆博尔塔拉蒙古自治州博东市举行,主题为"把握新机遇 奋进新征程"。

是日,"'广东省粤港澳大湾区智库联合会与香港特别行政区粤港澳大湾区智库联盟'战略合作协议签署仪式暨'推进香港北部都会区发展与加快粤港澳大湾区建设'专题论坛"在广州举行。

7日,广东省社会科学院与社会科学文献出版社在广东社会科学中心联合发布《广东蓝皮书:广东经济社会形势分析与预测(2023)》。

8日,上海市委统战部、上海社会科学院、上海市工商业联合会在上海共同主办"统战力量促进民营经济发展壮大研讨会"。上海市委常委、统战部部长陈通,市委宣传部常务副部长滕建勇,市委统战部副部长、市工商联党组书记王霄汉等出席会议。

12日，中国国际经济交流中心与英国驻华大使馆在北京举办"中英经济政策交流会"，主题为"中英间经济互补性、投资和统一大市场"。

是日，东盟与中日韩宏观经济研究室（AMRO）和中国财政科学研究院在北京共同举办圆桌会议，主题为"东盟与中日韩的净零转型——机遇与风险"。

是日，由中国社会科学院拉丁美洲研究所、湖北大学区域与国别研究院、中国社会科学院国家全球战略智库共同主办的"第四届'东亚—拉美地区研究伙伴对话'国际会议"在武汉举行，主题为"高质量伙伴关系：东亚和拉美地区发展与互鉴"。

13—15日，中国科学技术发展战略研究院、青海省科学技术厅在西宁举办"全国科技智库建设培训班"。

14日，由黑龙江省政府和中国社会科学院主办，黑龙江省社会科学院承办的"第七届中俄经济合作高层智库论坛"在哈尔滨举行，主题为"机遇与展望"。

15日，"智库人才培养联盟"聚焦"智库人才的内涵与特征"组织召开研讨交流会，共有近70家联盟单位约150名代表参加。

16日，由浙江省社会科学界联合会、浙江省乡村振兴研究智库联盟联合主办，浙江大学中国农村发展研究院和嘉兴学院中国共同富裕研究院共同承办的"高质量发展智库论坛·'千万工程'20周年研讨会"在嘉兴举行。

17日，由中央党史和文献研究院对外合作交流局与武汉大学马克思主义学院联合主办，三峡大学承办的"中共二十大的国际影响力学术研讨会暨第六届海外当代中国研究圆桌会议"在宜昌召开，研讨会围绕"中共二十大精神对外宣介专题研究""中共二十大的国际影响力研究"

两个领域展开平行研讨。

是日,湖北大学联合中国(海南)改革发展研究院、湖北省商务厅、湖北宏泰集团有限公司在武汉共同主办"第二届中部智库论坛",主题为"实现中部地区高水平开放的重要突破"。

20日,上海社会科学院应用经济研究所与韩国产业研究院联合举办"2023中韩产业论坛",主题为"新产业新赛道——未来产业发展及中韩合作"。

21日,上海市人民政府决策咨询研究基地签约仪式举行,上海市政府发展研究中心党组书记、主任祁彦与上海16所高校领导签署《上海市人民政府决策咨询研究基地框架协议》。

25日,中国历史研究院、中国社会科学院历史学部、中国文化传媒集团联合主办"'厚植文化传承发展之根:提炼展示中华文明的精神标识和文化精髓'学术研讨会"。

是日,云南省委党校(云南行政学院)、云南出版集团联合举办"'乡村振兴系列丛书'云南首发式暨'云南全面推进乡村振兴'论坛"。

26日,由中国公共外交协会、中国驻波兰大使馆共同举办的"'一带一路'为中波关系注入新动力智库媒体对话会"在波兰首都华沙举行。

28日,中国社会科学院台研所、全国台湾研究会、厦门大学台湾研究院、台湾二十一世纪基金会、台湾"中国文化大学"社会科学院共同举办"第九届两岸智库学术论坛",主题为"新发展格局下的两岸关系"。

是日,由12家智库和机构共同撰写的"现代化新征程丛书"在上海发布,12家机构包括国务院发展研究中心企业研究所、国研智库、中国建设银行党校、中国国际工程咨询有限公司、工业和信息化部服务型制造研究院、中国社会科学院工业经济研究所、机械工业经济管理研究院、浙江工业大学、苏州大学北京研究院、航天云网科技发展有限公司、阿里研究院、之江智慧场景研究中心。

7月

1日，由中非经贸合作研究院和商务部国际贸易经济合作研究院共同主办，湖南大学经济与贸易学院、清华大学"一带一路"战略研究院、湖南大学民建经贸研究院协办的"中非经贸合作智库研讨会"在长沙举办，主题为"百年变局下中非经贸的合作与共赢"。

2日，新华社国家高端智库向全球发布智库报告《改变中国的"第二个结合"——建设中华民族现代文明的理论创新与实践》。

5日，由中国社会科学院主办的"'中国与世界：携手构建人类命运共同体'国际研讨会"在北京举办。中共中央政治局委员、中宣部部长李书磊出席并发表主旨演讲。

8—9日，由贵州省人民政府主办、中国人民外交学会支持、贵州省外事办公室和中联部当代世界研究中心承办的"2023年生态文明贵阳国际论坛"在贵阳举行，主题为"共谋人与自然和谐共生现代化——推进绿色低碳发展"。

14日，由上海社会科学院智库研究中心、院出版社、院智库建设基金会共同举办的"上海社会科学院新智库论坛——'当代国际智库译丛'发布会暨国际智库发展研讨会"在上海召开。

19日，由上海社会科学院与民盟中央、民盟市委共同主办的"第十四届民盟文化论坛"在上海举行，主题为"固本浚源：文化传承与发展"。民盟中央副主席、市政协副主席、民盟市委主委陈群出席论坛。

28日，由中国外文局、上海合作组织秘书处指导，中国外文局中东欧与中南亚传播中心（人民画报社）和中国上海合作组织地方经贸合作示范区管理委员会联合主办的"2023上合组织国家媒体智库论坛"在青岛举行，主题为"推动共建'一带一路'高质量发展　构建更加紧密的上合组织命运共同体"。

8月

7日，由全国地方科技智库联盟主办，贵州科学院、贵州省科学技术协会、重庆科技发展战略研究院（联盟秘书处）承办的"第六届全国科技智库论坛"在贵阳召开，主题为"自立自强智创未来"。

16—17日，由中亚区域经济合作学院、中国—亚欧博览会秘书处和新疆维吾尔自治区财政厅共同主办，亚洲开发银行以及亚行—中国区域知识共享中心协办的"第七届中亚区域经济合作智库发展论坛"在乌鲁木齐举行，主题为"拥抱数字技术，促进经济可持续发展"。

16—17日，由中国社会科学院、云南省人民政府及"一带一路"智库合作联盟共同主办，中国社会科学院亚太与全球战略研究院、云南省社会科学院及中国（昆明）南亚东南亚研究院和中共中央对外联络部当代世界研究中心联合承办的"第九届中国—南亚东南亚智库论坛"在昆明举行，主题为"高质量共建'一带一路'，携手同行现代化之路——在新的历史起点上推进中国与南亚东南亚命运共同体建设"。

17日，全球化智库（CCG）和人民出版社联合在北京举办"《大国智库2.0》新书发布会"，与会专家围绕"智库建设与创新发展"展开探讨。

19—20日，由新华社与国家能源集团联合南非有关机构共同举办的"第六届金砖国家媒体高端论坛"在南非约翰内斯堡举行，主题为"金砖国家与非洲：加强媒体对话，共享公正未来"。

27—30日,由上海国际问题研究院与青海省人民政府外事办公室联合主办的"第十一届亚洲相互协作与信任措施会议智库论坛"在西宁举办,主题为"构建文明互鉴与合作共赢的亚洲:亚信的角色与使命"。

31日,电力规划设计总院在北京召开《中国能源发展报告2023》《中国电力发展报告2023》发布会。

9月

5日,中国国际发展知识中心主办的"《全球发展报告2023》发布会"在北京举行。

6日,由北京市社会科学院与社会科学文献出版社共同主办的"'北京社科'智库2023系列蓝皮书、集刊、论丛成果发布暨学术研讨会"在北京举办。

是日,水电水利规划设计总院在"2023年国际能源变革论坛"上发布《能源变革指数蓝皮书2023》。

7日,上海社会科学院主办"2023年华东六省一市社科院院长论坛"。

是日,上海社会科学院与天津滨海综合发展研究院、中国(深圳)综合开发研究院在上海联合举办"第十九届沪津深三城论坛",主题为"中国式现代化与三城发展实践"。

14日,中央党史和文献研究院举办"中拉智库媒体对话会",主题为"发展中国家现代化道路比较"。

16日,由北京市人民政府、国务院发展研究中心、生态环境部、中国地质调查局共同主办的"2023全球能源转型高层论坛"在北京举行,主题为"能源安全 绿色转型"。

19日,"全球发展倡议合作成果展示高级别会议"在纽约联合国总部举行,新华社国家高端智库在会议期间发布了《全球发展倡议实践成就与世界贡献》智库报告。

20日,由中国外文局、南京和平论坛组委会主办,中国外文局中东欧与中南亚传播中心(人民画报社)、南京市政府新闻办承办的"2023'一带一路'倡议十周年媒体智库暨青年对话会"在南京举行,主题为"和平、包容与可持续发展"。

21日,由国务院参事室、广西壮族自治区人民政府主办,广西社会科学院、广西壮族自治区人民政府参事室、中国社会科学院亚太与全球战略研究院、广西特色新型智库联盟等共同承办的"第十五届中国—东盟智库战略对话论坛"在广西南宁举行,主题为"智慧共筑,命运与共——携手迈向'一带一路'新征程"。

21—23日,由中国社会科学院俄罗斯东欧中亚研究所、哈萨克斯坦总统战略研究所、吉尔吉斯斯坦总统战略研究所、塔吉克斯坦总统战略研究中心、土库曼斯坦外交部国际关系学院、乌兹别克斯坦总统战略与地区研究所主办的"第三届中国—中亚智库论坛"在西安举行,主题为"携手构建更加紧密的中国—中亚命运共同体"。

22日,中国社会科学评价研究院主办的"第六届中国智库建设与评价高峰论坛"在北京召开,主题为"践行三大倡议:智库使命与行动"。

22—23日,由中国社会科学院世界经济与政治研究所、中国社会科学院国家全球战略智库、欧亚经济论坛秘书处、陕西省社会科学院主办的"2023欧亚经济论坛智库分会"在西安举行,主题为"新时代的欧亚经济合作:动力、机遇与未来"。

23日,上海财经大学中国式现代化研究院、滴水湖高级金融学院、马克思主义学院、上海市习近平新时代中国特色社会主义思想研究中心上海财经大学基地共同承办的首届"中国式现代化国际论坛"在上海举行,会议主题为"国际视野下的中国式现代化与中国式现代化的世界意义"。

24—25日,由中国科学院科技战略咨询研究院、中国发展战略学研究会、国际欧亚科学院中国科学中心共同主办的"第四届智库科学与工程研讨会"在北京举行。

26日,由江苏省科协、上海市科协、浙江省科协、安徽省科协共同主办的"首届长三角科技智库大会"在南京举行,主题为"共商长江大保护、共创区域一体化"。

27日,由金砖国家智库合作中方理事会主办、对外经济贸易大学承办的"2023年首场金砖国家智库国际研讨会"在北京举办,主题为"深化务实合作：推动构建开放型世界经济"。

27—28日,由中国社会科学院数量经济与技术经济研究所、中国石油集团经济技术研究院和中国石油大学(北京)共同主办的"第十一届全球能源安全智库论坛"在北京举行,主题为"新形势下的能源安全与清洁转型"。

10月

12日,新华社研究院、浙江大学区域协调发展研究中心联合主办"高质量共建'一带一路'推动全球共同发展国际智库学者参访研讨会"。

15日,由上海市科学学研究会主办,同济大学经济与管理学院、上海市产业创新生态系统研究中心承办的"上海市科学学研究会2023年学术年会暨上海智库论坛"在上海举行,主题为"科技创新范式变革与上海全球科创中心治理转型"。

18日,由中宣部主办,新华社、中国国际经济交流中心、中国公共外交协会承办的"第三届'一带一路'国际合作高峰论坛智库交流专题论坛"在北京举行,主题为"共同的机遇,共享的未来"。

是日,由山西省社会科学院(省政府发展研究中心)、山西省社科联、中国殷商文化学会、山西师范大学、山西中华文化促进会等联合举办的"第三届炎黄文化论坛暨华北地区社科院第39届科研管理联席会"在太原举行,主题为"弘扬炎黄文化,助力乡村振兴"。

20日,中共四川省委党校(四川行政学院)在成都举办"新型智库建设论坛",主题为"推动新型智库建设 更好服务四川高质量发展大局"。

21日,由江苏省社科联、南京邮电大学主办,邮电大学高质量发展评价研究院、江苏高质量发展综合评估研究基地、江苏省智库研究与交流中心承办的"江苏青年智库学者沙龙暨第三届高质量发展与评价论坛"在南京举行。

是日,"教育学科助力教育强国建设研讨会暨教育强国建设智库联盟成立大会"在浙江召开。浙江大学、清华大学、北京大学、南京大学、华中科技大学、中国人民大学、同济大学、厦门大学、东北师范大学、南京师范大学10所"双一流"大学的教育智库发起成立"教育强国建设智库联盟"。会议通过《教育强国建设智库联盟章程(草案)》。

23—24日,由全球化智库(CCG)和中国人民对外友好协会共同主办的"第八届中国全球智库创新年会"在北京举办。

24日,由内蒙古社会科学院、辽宁社会科学院、吉林省社会科学院、黑龙江省社会科学院、广西社会科学院、云南省社会科学院、西藏社会科学院、甘肃省社会科学院、新疆社会科学院、楚雄州委、楚雄州人民政府等主办的"第十届沿边九省(区)社会科学院院长联席会议"在楚雄举行,主题为"推进中国特色新型智库建设,服务中国式现代化高质量发展"。

是日,由重庆市社会科学界联合会、四川省社会科学界联合会主办的"第二届成渝地区双城经济圈发展论坛"在重庆举行,会议围绕"成渝地区双城经济圈建设的'两中心两地'定位""七大重点任务"等主题开展交流探讨。

25日,由甘肃省科学技术协会主办的"甘肃省科技智库联盟成立大会暨首届学术沙龙"在兰州召开。

26日,由长三角区域合作办公室指导、沪苏浙皖四地社科院联合主办的"长三角一体化发展上升为国家战略五周年研讨会暨2023长三角一体化高质量发展论坛"在上海举行。

是日,中国社会科学院、中国日报社在北京举办"全球战略对话(2023)",主题为"全球机遇与挑战:在不确定的世界中寻求确定性"。

是日,由中国传媒大学和安徽师范大学联合主办的"人类命运共同体·国际智库论坛"在芜湖举行,主题为"人类命运共同体与'一带一路'"。

27—29日,由复旦大学和崔钟贤学术院主办、复旦发展研究院承办的"上海论坛2023"在上海举办,主题为"包容性全球化:亚洲的新责任"。

28—29日,由中国(海南)改革发展研究院、中国日报社、中国公共外交协会联合主办的"第89次中国改革国际论坛"在海南举行,主题为"全面深化改革开放的中国与世界"。

11月

1—3日,中国社会科学院、中国—中东欧国家合作秘书处、中国国际问题研究基金会主办的"第九届中国—中东欧国家高级别智库研讨会"在北京举行,主题为"新形势下的中国与中东欧国家合作:现状与愿景"。

2日,中共中央对外联络部、福建省人民政府、金砖国家智库合作中方理事会联合主办的"全球南方智库对话会"在厦门举行,主题为"全球南方:携手推进现代化"。

3日,作为"第十六届中国—拉美企业家高峰会"的重要组成部分,由中国社会科学院拉丁美洲研究所、中国社会科学院文化发展促进中心和北京市贸促会联合承办的"中拉智库合作对话会"在北京举行。会与专家围绕"把握变乱交织的世界与中拉合作""区域经济合作的新动向与新举措""中拉共建'一带一路'的成就与展望"等议题展开研讨。

4—5日,中国社会科学院社会学研究所与天津社会科学院在天津举办第五届"智能社会"论坛,论坛主题为"中国式现代化与智能社会"。

7日,中央党校(国家行政学院)、中央党史和文献研究院、北京大学、中国日报社共同主办的"第四届发展中国家国家治理高端智库论坛"在北京举行,主题为"发展中国家的现代化之路"。

7日、9日、13日,当代中国与世界研究院联合中欧美全球倡议共同主办"中欧美智库合作论坛·2023博洛尼亚对话""中欧美智库合作论坛·2023马德里对话""中欧美智库合作论坛·2023巴黎对话"。

11日,中共中央对外联络部当代世界研究中心、广东外语外贸大学和广东国际战略研究院联合主办的"21世纪海上丝绸之路国际智库论坛(2023)"在广州举行,主题为"继往开来 合作共赢"。

16日,前海国际事务研究院主办的"智库高质量发展与中国式现代化主题研讨会"在深圳前海举行,与会专家就"新时代智库建设及其如何为中国式现代化提供有效智力支撑"展开探讨。

23—25日,由四川省社会科学院主办,四川省社会科学院生态文明研究所、绿色创新发展四川省软科学研究基地承办的首届"生态文明天府论坛"在广元举行。

24日,由国务院新闻办公室、上海市人民政府共同主办,文化和旅游部、中国社会科学院、北京大学、清华大学、复旦大学协办,上海市人民政府新闻办、上海社会科学院承办的"世界中国学大会·上海论坛"开幕式在上海举办,会议主题为"全球视野下的中华文明与中国道路"。中共中央政治局委员、中宣部部长李书磊出席开幕式,宣读习近平主席贺信并发表主旨演讲。

是日,南网能源研究院举行"2023年南方电网能源发展论坛暨南网能源院研究成果发布会",论坛主题为"迈向新征程的能源与发展:变局与趋势"。

25—26日,由教育部课程教材研究所(国家教材委员会专家委员会秘书处)、南京大学主办,课程教材研究所高校教材研究中心和南京大学哲学系承办的"首届哲学学科发展与教材建设研讨会"在南京召开。

12月

6日,国家应对气候变化战略研究和国际合作中心主办的"第九届全球气候变化智库论坛——科技和政策创新推动绿色低碳转型"在《联合国气候变化框架公约》第二十八次缔约方大会(COP28)"中国角"举行。

11日,由南京大学、云南大学和江苏省社会科学院共同主办的"2023新型智库治理论坛"在昆明举行,主题为"超智能社会、全球治理与新型智库建设"。

18日,中国政策科学研究会、海南省社会科学界联合会、海南省社会科学院主办的"第五届中国自贸智库论坛"在三亚举行,主题为"加快构建新发展格局　着力推动自贸试验区　自由贸易港高质量发展"。

21日,中国南海研究院和海南省社科联(社科院)在海口联合举办"中国(海南)—东盟2023智库论坛",主题为"中国—东盟蓝色合作:迈向共同发展繁荣发展"。

22日,由浙江大学长三角一体化发展研究中心、嘉兴市长三角一体化发展办公室联合主办的"长三角高质量一体化:五年回顾与展望研讨会"在嘉兴举行。

图书在版编目（CIP）数据

中国智库报告：2021—2023：中国发展新形势与智库建设新进展 / 上海社会科学院智库研究中心编著. 上海：上海社会科学院出版社，2024. -- ISBN 978-7-5520-4523-9

Ⅰ.C932.82

中国国家版本馆 CIP 数据核字第 2024S501J7 号

中国智库报告（2021—2023）
——中国发展新形势与智库建设新进展

编　　著：	上海社会科学院智库研究中心
责任编辑：	董汉玲
封面设计：	裘幼华
出版发行：	上海社会科学院出版社
	上海顺昌路 622 号　邮编 200025
	电话总机 021-63315947　销售热线 021-53063735
	https://cbs.sass.org.cn　E-mail：sassp@sassp.cn
排　　版：	南京展望文化发展有限公司
印　　刷：	上海颛辉印刷厂有限公司
开　　本：	710 毫米×1010 毫米　1/16
印　　张：	14.25
插　　页：	2
字　　数：	180 千
版　　次：	2024 年 9 月第 1 版　2024 年 9 月第 1 次印刷

ISBN 978-7-5520-4523-9/C·238　　　　定价：80.00 元

版权所有　翻印必究